D1751650

Nachdruck eines Exemplars der
Württembergischen Landesbibliothek

JOHANN LORENZ SCHIEDMAYER
CARL DIEUDONNÉ

Kurze Anleitung
zu einer richtigen Kenntnis und Behandlung

der

Forte-Pianos

Fotomechanischer Nachdruck
der Ausgabe Stuttgart 1824

Tübingen 1994

Eine englischsprachige Übersetzung durch die Musikwissenschaftlerin Preethi de Silva erscheint in den USA.

Die Deutsche Bibliothek – CIP-Kurztitelaufnahme

Schiedmayer, Johann Lorenz:
Kurze Anleitung zu einer richtigen Kenntnis und Behandlung der Forte-Pianos / Johann Lorenz Schiedmayer; Carl Dieudonné. – Tübingen: Gulde, 1994.
   ISBN 3-924123-22-5
NE: Dieudonné, Carl:; GT

Alle Rechte vorbehalten
Gulde-Verlag Tübingen, 1994
ISBN 3-924123-22-5

Vorwort

Das waren noch Zeiten, als Anleitungen zum Gebrauch eines quasi-technischen Gerätes so beschaffen und verständlich geschrieben waren wie dieses Büchlein! Obwohl natürlich jeder Besitzer eines Pianofortes davon profitieren konnte, richteten sich die Autoren, die seit 1809 in Stuttgart eine Klaviermanufaktur betrieben, in erster Linie an die eigene Kundschaft: eine Serviceleistung also, die im Interesse von Hersteller und Konsumenten Mißhelligkeiten und Störungen bei der Benutzung des »Produktes Pianoforte« von vornherein einschränken sollte.
Freilich begnügte man sich nicht mit einer reinen Bedienungsanleitung. Der Leser wird in milde belehrendem Ton mit der Geschichte und den verschiedenen Gattungen des Hammerklaviers ebenso vertraut gemacht wie mit der rechten Spielweise und sachgemäßen Pflege des Instrumentes.
Der Nachdruck dieses kaum mehr aufzufindenden Textes war schon lange überfällig. Durch die dankenswerte Initiative von Frau Elianne Schiedmayer konnte diesem Mangel nunmehr abgeholfen werden.
Nicht nur für Instrumentenkundler, Klavierbauer und Restauratoren, sondern auch für jeden Besitzer und Spieler eines historischen Hammerklaviers – sei es ein restauriertes Original oder eine neuzeitliche Kopie – wird die Lektüre dieser Schrift von großem Nutzen sein und hoffentlich Vergnügen bereiten.

Christian Väterlein

Johann Lorenz Schiedmayer
1786–1860

Kurze Anleitung

zu einer richtigen Kenntniſs und Behandlung

der

Forte-Pianos

in Beziehung auf

das Spielen, Stimmen und Erhalten

derselben,

besonders derer,

welche in der Werkstätte von

Dieudonné und Schiedmayer in Stuttgart

verfertigt werden.

Stuttgart,
gedruckt mit G. Hasselbrink'schen Schriften.
1 8 2 4.

Nachstehende Anleitung zur Kenntnifs und Behandlung des Forte-Pianos ist theils durch das Bedürfnifs, theils durch ein im Jahr 1801 in Wien erschienenes Schriftchen dieser Art, das aber diesen Gegenstand bei weitem nicht erschöpft, veranlafst worden. Manches Gute, besonders aber die im IV. Abschnitte enthaltene Schilderung zweier verschiedenen Clavierspieler, ist aus jenem Schriftchen entlehnt, weil der Verfasser der gegenwärtigen Anleitung es nicht über sich gewinnen konnte, solche Wahrheiten, wenn sie auch ursprünglich nicht von ihm ausgesprochen worden, hier nicht zu wiederholen.

Nicht eine Anleitung zum Bau, noch zum Spielen, noch zum Stimmen des Forte-Pianos, soll dieses Schriftchen seyn, denn sonst würden die engen Grenzen, die der Verfasser sich dabei gesteckt, bei weitem nicht zugereicht haben.

Es soll blos den Besitzer eines Forte Pianos mit der Einrichtung seines Instruments, und mit den hieraus fliefsenden, auf Erhaltung desselben abzweckenden Regeln bekannt machen, und diese sind, wie der Verfasser sich schmeichelt, so gegeben, dafs ihre Befolgung den beabsichtigten Nutzen nicht verfehlen wird.

———

Das *Forte-Piano*, oder, kürzer und bezeichnender, das *Clavier*, hat unter allen Tonwerkzeugen die gröfste und allgemeinste Anwendbarkeit erlangt. Nachdem die erste Bahn gebrochen war, und man anfieng, Claviere zu bauen, die vermittelst des Anschlags der Saiten durch einen *Hammer* den Ton von sich gaben, begann die eigentliche Periode der Entwicklung und Vervollkommnung dieses Instruments. Vorher hatte man nur Clavichorde, deren Saiten durch Tangenten — und flügel- oder tafelförmige Claviere, wo die Saiten durch Federchen etc. in Schwingung gebracht wurden. Ein *Forte* und *Piano* war auf den ersteren, die ohnehin bei ihrem sonstigen höchst unvollkommenen Zustande, besonders bei ihrem kaum hörbaren Tone bald nicht mehr genügen konnten, kaum auszudrücken; bei letzteren aber, wo die Schwäche oder Stärke des Anschlags durchaus keine verschiedene Wirkung auf die Saiten machen konnte, war an eine Modulation des Tons noch weniger zu denken. Aber auch die Hammer-Claviere waren lange Zeit in einem höchst unvollkommenen Zustande; die Besaitung war schwach, der Ton daher kraftlos und kindisch, die Hämmer hatten wieder Länge noch gehörige Schwere und Schwung, und die papierdünne Belederung brachte eine wahrhaft unausstehliche Wirkung hervor, und manches Hackbrett konnte einem solchen Claviere den Vorzug streitig machen. Daher die Geringschätzung, welche so lange auf dem Forte-Piano ruhte, und der Vorzug, der lange noch dem Clavichorde vor dem Hammer-Clavier, selbst von gebildeten *ältern* Musikern, gegeben wurde.

Doch bald trat das Forte-Piano aus seiner Kindheit heraus; es ward eine bessere Hammer-Mechanik erfunden und dadurch das Mittel einer reinen Ton-Angabe kennen gelernt, und diese Mechanik immer mehr verbessert, so wie nach und nach auch der Ton immer runder, voller, weicher und klangreicher wurde; man erkannte das Ideal, dem man nachstreben mufste. In dem Grade, als das Instrument sich vervollkommte, folgten Clavier-Compositionen, welche die neuen Vorzüge stets benutzten, so wie auf der andern Seite die steigende Kunst der Tonsetzer und Clavierspieler, und die immer gesteigerten Schwierigkeiten, welche die erstern in ihre Werke gelegt, Anforderungen an das Clavier zur Folge hatten, welchen zu genügen einzelne berühmte Claviermacher mit mehr oder weniger Glück zum Gegenstand ihres Nachdenkens und Fleifses machten. Die Verdienste eines *Stein*, *Schiedmayer* (in Nürnberg), *Streicher*, *Walter* und Anderer, verdienen unter den ältern teutschen Meistern in dieser Hinsicht eine ehrenvolle Anerkennung. Auch jetzt noch wird von neuern Künstlern rastlos an Vervollkommnung und Ausbildung des Claviers fortgearbeitet. Es ist jedoch noch viel zu thun übrig, und man darf nicht zweifeln, daſs das Forte-Piano, auf welcher Stufe von Vortrefflichkeit dasselbe auch bereits stehen mag, mit der Zeit noch viel höhere Eigenschaften und Vorzüge entwickeln werde, besonders wenn es einmal gelingt, den Geheimnissen der Acustik noch näher zu kommen, und zu einer deutlicheren und klareren Erkenntniſs der Gesetze des Klanges zu gelangen.

Die Anzahl der guten Claviere vermehrt sich immer mehr; immer ausgebreiteter wird die musikalische Bildung und das Bedürfniſs guter Instrumente, auf denen der Spieler den Geist und den Buchstaben unserer jetzigen, zum Theil sehr schweren Compositionen auszudrücken vermöge. Je mehr sich aber das Forte-Piano der Vollkommenheit annähert, desto künstlicher wird auch sein Mechanismus, desto mehr erfordert dasselbe auch Beachtung seiner Natur und Einrichtung; es erfordert hinlängliche Kenntniſs seines Baues und dessen, was es zu leisten vermag oder nicht, wenn es diese Leistungen machen und dem Eigenthümer erhalten werden soll. Und dieſs ist es, was dieses Schriftchen in gedrängter Kürze enthalten wird.

I.

Beschreibung, Eigenschaften des Forte-Piano im Allgemeinen.

Das Forte-Piano ist ein Tonwerkzeug, das vermittelst der über einen Resonanzboden gespannten Saiten, welche durch einen mit einer Taste in Bewegung gesetzten Hammer angeschlagen und in Schwingung gebracht werden, somit erklingen, seinen Ton von sich giebt. Davon, daſs die vibrirende Saite von dem mit-vibrirenden Resonanzboden und dem zweckmäſsigen Bau des Kastens in ihren Schwingungen gehörig unterstützt werde, hängt der gute Ton der Saite ab.

Zum guten Tone gehört also zunächst ein zweckmäſsig gebauter, gehörig groſser und tiefer *Kasten*, der eine Saiten-Mensur möglich macht, die sich, so viel als möglich, der von mathematischen Regeln geforderten Länge der Saiten annähert. Dies ist jedoch nur vom *Basse* verstanden, da es in den mittlern und höhern Octaven nicht an Raum fehlt, um den Saiten die gehörige Länge zu geben. Aber für den Baſs ist die Länge des Kastens um so wichtiger, als selbst bei den gröſsten Flügel-Forte-Pianos die regelmäſsige Länge der Saiten in der untersten Octave nicht erreicht werden kann, indem man sonst das Instrument gar zu sehr vergröfsern müfste.

Dafs der Kasten gesund, stark und fest gebaut seyn müsse, wenn er den ausserordentlichen Zug so vieler, zumal sehr starker Saiten aushalten soll, ohne sich zusammen zu biegen, leuchtet wohl von selbst ein; im entgegengesetzten Falle wird, wenn auch die Gewalt der Saiten das Instrument nicht ganz krumm zieht, oder einzelne Theile, z. B. die Anhänge-Leisten, losbrechen, doch die Haltbarkeit der Stimmung fehlen, für welche ein fester Kasten die erste Bedingung ist. Und nicht nur dies ist Folge eines schwachen Kastens; auch der Resonanzboden wird von einem krumm gebogenen Kasten so zusammengeschoben, dafs er sich in die Höhe bäumt, oder reifst, und in diesem gespannten Zustande keiner natürlichen und guten Schwingungen mehr fähig ist, also auch keinen guten Ton mehr geben kann.

Der *Resonanzboden*, dessen guter, kunstgerechter Bau sich übrigens nicht ganz nach äussern Kennzeichen beurtheilen läfst, mufs ein feines, gesundes, nicht speckigtes Holz haben. Doch läfst sich auch darüber wenig mit Zuverlässigkeit sagen, denn es ist oft der Fall, dafs ein Resonanzboden von scheinbar geringem Holz einen schönen Ton giebt, während ein anderer von besserem Ansehen jenem in seiner Wirkung nachsteht. Eben so wenig schaden feine Aeste, Holzlebern u. dgl. Der beste Resonanzboden ist der, welcher den besten Ton giebt, und thut er dies, so thut man wohl, über alles andere hinwegzusehen.

Ein weiterer wichtiger Gegenstand ist die *Besaitung*. Wenn Kasten und Resonanzboden noch so richtig gebaut und klangreich sind, und das Material der Saiten ist schlecht, unrein, ungleich, und besonders zu weich, so wird der Ton doch schlecht oder wenigstens mittelmäfsig seyn. Saiten von unreinem Metall oder schlechtem Zuge klingen trübe, zitternd oder murmelnd; und wenn z. B. auf einem dreifach besaiteten Forte-Piano zwei Saiten eines Tons vollkommen rein klingen, die dritte ist aber unrein, so ist der Ton schon schlechterdings verdorben; er ist und bleibt so lange unrein, bis die schlechte Saite durch eine bessere ersetzt wird. Die falschen Saiten sind ein wahres Uebel; sie äufsern sich vorzüglich im *Discant*, und die höhern Octaven sind in so vielen sonst guten Clavieren durch schlechte Saiten verdorben, trübe, matt und stumpf gemacht. Seitdem man angefangen, die Claviere so sehr stark zu beziehen, ist dieses Uebel sehr vergröfsert worden. Es kann jedoch nicht geläugnet werden, dafs selbst die theuersten *englischen* Claviere an diesem Uebel leiden. Die starke Besaitung verstärkt freilich den Ton und sichert bei sehr starkem Spiele gegen das Brechen der Saiten; aber unstreitig immer auf Kosten der Anmuth und des Gesanges des Tons, welche darunter sehr leiden.

Eine zu *weiche* Saite hat neben dem schwächern Tone auch noch das Uebel, dafs sie keinen starken Anschlag aushalten kann, ohne sich auszudehnen und sich somit zu verstimmen; wird sie auch wieder rein gestimmt, so dehnt sie sich nachher doch immer wieder, bis sie entweder endlich bricht oder zu dünne wird, so daſs sie die nöthige Spannung nicht mehr hat, also schon um deswillen einen matten, schwachen Ton von sich geben muſs. Diese Ausdehnung zu weicher Saiten findet übrigens auch ohne allen Gebrauch des Claviers Statt.

Es sollen aber die Saiten auch *schön* und *gleich* aufgezogen seyn. Es sieht übel aus und beweist wenig Fleiſs, wenn das Gewinde an einem Stimmnagel höher steht und am andern niederer. Die Saiten sollen sich gegen den Stimmnagel zu vom Steege aus ein wenig senken, jedoch nicht zu viel, sonst ist die Reibung der Saite auf dem Steege zu stark; und steht vollends das Gewinde selbst auf dem Stimmstock auf, so kann noch überdieſs der Stimmnagel sich nicht mehr tiefer in den Stimmstock eindrehen, oder er thut dies beim Anziehen der Saite doch, und diese muſs brechen. Das Gewinde selbst soll reinlich und fest gewunden seyn, und es dürfen keine Trümmer weder oben am Stimmnagel, noch unten an den Schlaufen, wo die Saite angehängt ist, herabhängen. Auch sollen die Gewinde der Gröſse nach möglichst gleich und die Schlaufen sauber und gleich gedreht seyn.

Bei der Mechanik der *Claviatur* und des *Hammerwerks* unterscheidet sich die *teutsche* oder *englische* Art.

Bei der *teutschen* Mechanik gehen die Hämmer von

hinten nach vorn; die Axe des Hammers läuft in einer auf der Taste eingeschraubten Gabel oder Capsel, und der Hammer wird, indem ihn die vorne niedergedrückte und hinten steigende Taste in die Höhe hebt, von einem über den Schnabel des Hammers hereingehenden Haken an die Saite geschnellt. Der Hammer muſs, wenn er durch die Taste gehoben wird, in einer gewissen Höhe, etwa 1, höchstens 1½ Linien Entfernung von der Saite, *von selbst*, auch ohne die Saite berührt zu haben, und ohne daſs die Taste wieder zurückgegangen, wieder in seine Ruhe zurückfallen und sich bei seinem Rückfall an der sogenannten Fangleiste oder seinem einzelnen Fänger *arretiren*, damit jede weitere Bewegung desselben, welche die Saite in ihren Schwingungen stören und vom Spieler auch auf der Taste unangenehm empfunden werden würde, sogleich gehemmt werde.

Bei der *englischen* Mechanik geht der Hammer von vorne nach hinten, und statt daſs die Capsel, in welcher seine Axe geht, auf der Taste befestigt ist und er mit derselben auf- und niedergetragen wird, ist die Capsel fest an eine Leiste angeschraubt, und das Centrum des Ganges, welchen der Hammer beschreibt, ist *unveränderlich*, wodurch der Anschlag an Sicherheit und Kraft sehr gewinnt. Auch die Ausholung, der Ansprung des Hammers ist gröſser. Diese Mechanik hat demnach überhaupt mehr Schnellkraft, als die teutsche. Deswegen sind auch die Hämmer leichter und dicker beledert, was einen weichern, aber doch vollern und kräftigern Ton bewirkt. Wenn der teutsche Hammer durch einen Haken an seinem Schnabel in die Höhe *gezogen* wird, so wird dagegen der englische durch sogenannte Stofszungen, die auf den Tasten befestigt sind, und mit denselben steigen, in die Höhe *gestofsen*. Auch hier mufs der Abfall des Hammers auf einer gewissen Höhe, etwa 1½ Linien von der Saite entfernt, *von selbst*, und ohne dafs es des Anschlags der Saite bedürfte, Statt finden. Die Auslösung beruht, wie bei der teutschen Mechanik, auf demselben Verhältnisse. In einer gewissen Höhe weicht die Stofszunge aus dem Punkt ihres Anstofses, der Hammer löst sich aus und fällt ab, wo er dann von dem Fänger, der auf der Taste steckt und von derselben in die Höhe getragen und dem Hammer genähert worden, aufgefangen und gehalten wird.

Davon, ob das Verhältnifs und die Form der Tasten, Hämmer, Haken, Stofszungen etc. richtig getroffen, und ob der Eingriff des Hammers in den Haken oder der Eingriff der Stofszunge in den Hammer, in der Ordnung ist, hängt die gute Spielart ab, die darin besteht, dafs der Anschlag *leicht* geschieht, dafs der Hammer bei der Berührung der Taste augenblicklich und kräftig anschlägt, und bei aller Kraft des Anschlages doch nichts Hartes, Stofsendes oder Steifes unter der Hand empfunden wird.

Eine Mechanik, bei welcher der Hammer, auch ohne an der Saite angeschlagen zu haben, wieder in seine Ruhe zurück fällt, nennt man eine *auslösende* Mechanik, weil der Haken (oder bei der englischen Mechanik die Stofs-zunge) wodurch der Hammer gehoben wird, zurückweicht, sobald dieser eine gewisse Höhe erreicht hat, wonach sodann, bei der teutschen Mechanik, der Hammer wieder fällt, der Schnabel desselben an dem Haken hinabgleitet, und dieser, der Haken, durch seine Feder wieder über den Schnabel hergedrückt wird; bei der englischen Mechanik aber die über ihren Anstofspunkt hinausgewichene Stofszunge, indem sie von der zurückfallenden Taste wieder hinunter gezogen wird, durch die an derselben gleichfalls angebrachte Feder wieder auf diesen Punkt gestellt wird. Es ist daher nothwendig, dafs auch die Taste *vor* jedem neuen Anschlage, der bewirkt werden soll, auch wenn dieser Anschlag noch so schnell auf den vorhergehenden erfolgt, wieder vollkommen in ihre Ruhe zurück gehe, weil sonst das Einschlagen des Hakens über den Schnabel des Hammers unmöglich Statt finden, und der Hammer in die Höhe geschnellt werden kann. Geht die Taste nicht recht zurück, so schlägt sich der Haken nicht ein, er kann den Schnabel des Hammers nicht fassen, und der Anschlag mufs somit nothwendig versagen. Bei der englischen Mechanik gilt dasselbe von der Stofszunge, welche nicht minder vollständig auf ihren Anstofspunkt zurückgegangen seyn mufs, wenn ein neuer Anschlag Statt finden soll, wenn gleich die Einlösung der Stofszunge leichter und schneller geschieht, als die des Hakens. Wer also einen präcisen Anschlag will und doch so spielt, dafs die Wiedereinlösung nicht gehörig Statt finden kann, der verlangt etwas, das im Reiche der Dinge nicht möglich ist. —

Ein gutes, fleißig und sorgfältig gearbeitetes Hammerwerk und die dazu gehörige Tastatur muſs ganz stille gehen, und ohne irgend ein Geräusch hervorzubringen. Ist das Holz, womit die Löcher an den Tasten gefüttert sind, zu hart, so entsteht besonders dort gerne ein solches widerwärtiges Geräusch.

Was hier von der Hammermechanik gesagt ist, gilt keineswegs von den sogenannten steifen oder Prellhammerwerken, die an keinem auch nur erträglichen Claviere mehr gefunden werden sollten, wenn gleich eine Gattung dieser Mechanik noch an *englischen* Tafel-Forte-Pianos angetroffen wird. Jedes Hammerwerk, bei welchem dem Hammer mehr als *Ein* Schwung an die Saite möglich ist, und bei dem der Hammer nicht in dem Augenblicke des Anschlags an die Saite, ja noch vorher, sich auslöst und nach dem Rückfall in die Ruhe arretirt wird, ist verwerflich und durchaus nicht fähig, einen schönen und gesunden Ton hervorzubringen.

Die *Abdämpfung* des Tones, d. h. das Abschneiden desselben in dem Momente, wo die Taste in ihre Ruhe zurückfällt, ist hiernächst eine der wichtigsten Einrichtungen in einem Forte-Piano. Sie dient dazu, um das sonst unvermeidliche Vermischen der Töne zu beseitigen, und geschieht vermittelst der *Dämpfung*, einer Rahme, in welcher die einzelnen Dämpfer laufen. Diese ruhen mit ihrem Futter von Leder oder Seide etc. auf der Saite, und lassen, so lange nicht die ganze Dämpfung oder die einzelnen Dämpfer aufgehoben werden, keine Schwingung der Saiten, also auch kein Ertönen derselben zu. Die einzelnen Dämpfer werden aber auch durch die Tasten in dem Momente unmittelbar vor dem Anschlag des Hammers aufgehoben, damit die Saite vibriren und also erklingen kann. Verläfst man die Taste und die Dauer der Note ist also vorüber, so sinkt auch der Dämpfer wieder auf die Saite herab, und endigt somit ihren Ton. Bei gewissen Stellen in der Musik wird nun auch durch die Pedale oder den Kniedrucker die ganze Dämpfung gehoben und die Function der Dämpfer für diese Zeit überhaupt eingestellt. Denn die einzelnen Töne sind, wenn man sie mit aufgehobener Dämpfung ansprechen läfst, stärker, als wenn die Dämpfung liegt, weil sie im erstern Falle, nach einem musicalischen Naturgesetze, vermöge der Uebereinstimmung oder Verwandtschaft der Saitenschwingungen, alle ihre Octaven, Quinten und Terzen, auch ohne dafs diese besonder angeschlagen werden, mehr oder minder, je nachdem der verwandte Ton näher oder entfernter liegt, in Schwingung und also zum Ertönen bringen, wodurch der angeschlagene Ton natürlich sehr verstärkt und verschönert wird, weil ihm die mitklingenden Saiten ihre Harmonieen leihen, und denselben gleichsam coloriren. Um sich von dieser Sympathie der Töne recht zu überzeugen, darf man z. E. nur bei liegender Dämpfung eine Taste, etwa ein c, in der Mitte oder im Bafs, niederdrücken, so dafs ihr Dämpfer gehoben, und die Saite frei ist, und dann die Quinte g oder die Octave der Quinte, ab- oder aufwärts, anschlagen, den angeschlagenen Ton aber sogleich wieder verlassen, so dafs diese, die angeschlagene Quinte g, nicht forttönen kann, und man wird diese Quinte in der niedergedrückten Prime c forttönen hören, obgleich diese weder durch den Hammer noch durch sonst etwas berührt worden ist. Dasselbe ist der Fall, wenn der Versuch auf die umgekehrte Art gemacht wird. Macht man denselben mit ganzen Accorden, so ist die Wirkung nur um so stärker. Diese Erscheinung macht es auch klar, warum ein rein gestimmtes Clavier gegen ein verstimmtes so viele Stärke hat. Es wird dabei aber eine reine Stimmung vorausgesetzt, weil natürlich ohne solche die Harmonie und mathematische Uebereinstimmung der Schwingungen fehlt, ohne welche keine Sympathie der Saiten möglich ist. So wird z. B. ein Fis oder ein anderer dissonirender Ton durchaus nie in der Saite c nachklingen.

Eine Dämpfung ist gut, wenn sie gut abdämpft, und die Saiten nicht nachklingen, was jedoch auch seine Grenzen hat; denn die Schwingungen einer dreifachen starken Bafssaite z. B. können nicht so augenblicklich von dem Dämpfer gehemmt und somit die Saite zum Schweigen gebracht werden. Ein erzwungenes, allzugrelles Abschneiden der Töne ist nicht angenehm, und hat nicht selten auch ein *Nachzischen* der Saite, im tiefen Bass aber ein *Schnarren* des Dämpfers in seinem Gefolge. Dies ist meistens bei Dämpfungen der Fall, die mit Leder gefüttert sind, das anfangs vielleicht zwar dieses Uebel nicht hat, aber dasselbe doch bald bekommt, wenn sich einmal die Saiten in dem Leder eingedrückt und eine harte Lage bekommen haben. Das Nachzischen zeigt sich besonders bei feuchtem Wetter. Ein Dämpferfutter von Seiden- oder Kameelgarn Haaren ist daher dem Leder vorzuziehen, selbst wenn dieses weniger scharf abdämpfen sollte.

Die Dämpfung ist diejenige Veränderung, die sich an jedem Forte-Piano nothwendig finden *muſs*; andere hingegen sind nicht allen Forte-Pianos gemein, und werden daher unten bei den einzelnen Gattungen derselben vorkommen.

II.

Hauptsächlichste Gattungen von Forte-Pianos.

Das vollkommenste Clavier ist der *Flügel*. Die Gröſse seines Körpers erlaubt nicht nur eine gehörig lange Saite, die zwar die von dem mathematischen Verhältniſs erforderte Länge im tiefen Basse noch nicht ganz erreicht, aber derselben doch so nahe kommt, als es, ohne das Instrument unmäſsig zu vergröſsern, möglich ist; sondern die durch die Gröſse des Körpers möglich gemachte Ausdehnung des Resonanzbodens, so wie überhaupt die Gröſse des Kastens, giebt auch dem Flügel denjenigen vollen und männlichen Ton, der ihn von andern Claviergattungen unterscheidet.

Im Flügel liegen Saite und Hammer in gerader Richtung, was für das richtige Treffen der Saiten durch die Hämmer sehr zuträglich ist. Diese gerade Richtung des Hammers und der Saite gestattet auch die Verschiebung der Hämmer auf zwei oder Eine Saite, vermittelst einer Pedale. Der Flügel ist in der Regel dreifach besaitet, was mehr Ton giebt, und ein stärkeres Angreifen des Instruments beim Spielen erlaubt. Die Stimmnägel sind vorne auf dem Stimmstock angebracht, und die Stimmung dadurch sehr erleichtert.

Der Flügel *teutscher* Art hat einen etwas kleinern Körper als der englische; auch der Ton hat das Grofsartige und Kräftige nicht in dem Grade wie dieser, wogegen dem teutschen Flügel der Vorzug der Annehmlichkeit und des Gesanges im Tone nicht abgesprochen werden kann.

Die *Dämpfung* kann bei dem teutschen Flügel meistens ganz abgehoben werden; bei dem englischen lassen sich die Dämpfer nur einzeln herausnehmen.

Am teutschen Flügel findet sich ein durch Tuchläppchen, welche an einer Leiste befestigt sind, und durch Verschiebung derselben mittelst einer Pedale oder eines Knie-Druckers auf die Stelle des Hammer-Anschlages gerückt werden, — bewirktes Piano (Tuchzug), das sehr angenehm klingt. Es wird hie und da auch Lautenzug etc. genannt. Bei einigen Flügel-Forte-Pianos sind diese Läppchen weiter hinten zu doppelt; durch eine besondere Pedale, welche den Tuchzug weiter vorwärts zieht, werden die Läppchen so weit vorgerückt, daſs der Hammer auch die kürzern mit trifft, also ein verdoppeltes Piano entsteht, was gewöhnlich das *Pianissimo* genannt wird. Ein Tuchzug dieser Art klingt jedoch, wenn er als einfaches Piano gebraucht wird, nicht so schön, als wenn er überhaupt nur einfach ist und kein Pianissimo hat.

An dem Flügel englischer Art findet sich dieses Piano gewöhnlich nicht; gewiſs nicht zu seinem Vortheil, denn auch hier würde dasselbe eine schöne Wirkung machen, und auch dem Fagottzuge des englischen Flügels, der ohne dieses Piano immer die nöthige Rundung und Weichheit im Tone nicht hervorbringen wird, sehr zu Statten kommen. Zwar giebt die etwas weichere Belederung der englischen Hämmer einigen Ersatz, doch bleibt diese Lücke immer zu bedauern. Vielleicht entschlieſsen sich die Herren Instrumentenmacher noch, auch diese schöne Veränderung in die Flügel englischer Art aufzunehmen.

Eine weitere, beiden Gattungen von Flügel-Forte-Pianos gemeinschaftliche Veränderung, ist die Verschiebung der Hämmer auf *Eine Saite* (das Monochord). Dieselbe wird jedoch bei dem teutschen Flügel besser in Verbindung mit obengedachtem Pianozug (Tuchzug) gebraucht, weil sie sonst zu viel Schneidendes hat, mit dem Tuchzug aber einen sanften, frommen Ton hervorbringt, so daſs die Franzosen ihr sogar den Namen *jeu céleste, jeu angélique*, beigelegt haben. Will man den Ton etwas stärker haben, so kann die Verschiebung auch auf zwei Saiten gerichtet werden. An dem englischen Flügel vermißt man auch bei dieser Veränderung den Tuchzug nur mit Bedauern, um so mehr, als die starke Schnellkraft des englischen Hammers mit dem Widerstand einer *einzigen* Saite in keinem Verhältnisse steht, und der Hammer gar wohl einige *Hemmung* durch den Tuchzug erleiden dürfte, wenn er nur Eine Saite treffen soll.

Ferner ist hier anzuführen der *Fagottzug*, welcher durch ein an einen Stab befestigtes, mit Seidenzeug überzogenes hohles Papier, das bei dem Anziehen der Pedale die vibrirenden Saiten berührt, einen Fagott-ähnlichen Ton hervorbringt. Diese Veränderung darf aber, wenn sie Aehnlichkeit haben soll, nur in Verbindung mit dem Monochord und dem Piano (Tuchzug) gebraucht werden, und erfordert überdies auch von Seite des Spielers einige Uebung. Der Tuchzug wird demnach an dem englischen Flügel auch für den Fagott vermißt, wie dies oben schon bemerkt worden. Der Fagottzug geht nur durch den Baß bis in die Mitte des Claviers.

Dies wären nun die wesentlichsten Veränderungen, die sich an *guten* Flügel-Forte-Pianos finden; andere unwesentliche, oder wohl gar solche, die ein gutes Forte-Piano nur *entehren*, und mehr Kinder-Spielereien sind, als Modulationen eines Tonwerkzeugs, z. B. die Türken-Trommeln und Glöckchen u. dgl., sollten wohl an keinem Claviere getroffen werden, und verdienen hier auch keine nähere Beschreibung.

Eine Veränderung mag hier noch angeführt werden, die eine schöne Wirkung macht, aber sehr selten angetroffen wird. Es ist diese die *Octave*, das *Octav-Flötchen*. Sie besteht aus hölzernen, mit Leder gefütterten Tangenten, die, an einer Rahme befestigt, die Saiten von oben herab in der Mitte leise berühren, und dadurch sie um eine Octave erhöhen, auch, weil die Berührung nur leicht ist, einen flötenartigen Ton hervorbringen. Diese Veränderung geht nur durch die zwei oder drei obern Octaven.

Die Art, wie diese verschiedenen Veränderungen in Bewegung gebracht werden, und ob dies durch Pedale oder vermittelst der Drucker für das Knie geschehe, wäre an sich gleichgültig, wenn nicht der Fall manchmal einträte, dafs mehr als zwei Veränderungen auf einmal gebraucht werden, z. B. das Monochord mit dem Pianozug (Tuchzug), und die aufgehobene Dämpfung (das Forte). Hier ist es gut, wenn das Piano, das seine eigene Pedale hat, auch noch durch einen besondern Drucker mit dem linken Knie regiert werden kann —

In Hinsicht auf Ton und Verwandtschaft der Einrichtung steht dem Flügel das *aufrechtstehende Forte-Piano* am nächsten. Es wird in verschiedenen Formen verfertigt, bald als Pyramide, bald als Armoire, bald als Giraffe u. s. w. Alles, was von Hammerwerk und Veränderungen etc. bei den Flügel-Forte-Pianos gesagt ist, gehört auch hieher. Die Mechanik kann teutscher oder englischer Art seyn, nur ist der Hammerschlag hier nie so kräftig, als beim *liegenden* Claviere, weil der Hammer bei seinem *horizontalen* Gang nicht den Schwung hat, als beim aufsteigenden.

Das *Tafel-Forte-Piano* ist ein um der gröfsern Bequemlichkeit willen ins Kleinere reducirtes Clavier; es darf also, was die Kraft des Tons betrifft, bei weitem das nicht erwartet werden, wie beim Flügel. Die tiefern Saiten können wegen der Kürze des Kastens die gehörige Länge nicht mehr haben, und es müfs ihnen, um Tiefe und Spannung zu bekommen, durch Ueberspinnen der Saiten mit Silberdrath nachgeholfen werden. Der kleinere Kasten erlaubt auch nur einen kleinen Resonanzboden; die Saiten-Eintheilung und die Hammer-Mechanik ist enger und gedrängter, kurz, alles fordert eine schonendere, den schwächern Kräften des Instruments angemessene Behandlung. Wenn indessen der Ton eines Tafel-Forte-Piano zwar an Kraft und Stärke dem des Flügels nachsteht, so übertrifft dagegen das Tafel-Forte-Piano den Flügel an Anmuth und Lieblichkeit des Tons.

Auch die Tafel-Forte-Pianos unterscheiden sich in die teutsche und englische Art; von beiden gilt, in reducirtem Maasstabe, was von diesen beiden Clavier-Gattungen oben gesagt worden. Die Hammer-Mechanik ist vollkommen dieselbe, nur dafs hier der Hammer mit der Saite nicht in gerader Richtung, sondern in einem Winkel steht. Die englische Hammer-Mechanik gewährt bei Tafel-Forte-Pianos noch den besondern Vorzug, dafs die Axe des Hammers einen *festen* Punkt hat, der sich nicht, wie bei dem den Vorzug, die *ganz* weggenommen werden können, was beim Aufziehen von Saiten grofse Bequemlichkeit gewährt.

In das Tafel-Forte-Piano gehört auch noch das *Piano* des teutschen Flügels (der Tuchzug), das an diesen Instrumenten eine sehr schöne Wirkung macht.

Alle andern Veränderungen, z. B. Fagott u. dgl. möchten bei einem Tafel-Forte-Piano höchst überflüssig seyn. Sie entsprechen auch bei diesen kleinern Clavieren ihrem Zwecke niemals. Daher werden dieselben hier sämtlich übergangen. —

Andere Gattungen von Clavieren, z. E. Flöten-Claviere, haben keine allgemeine Anwendbarkeit, sind deswegen selten, und gehören nicht hieher. Die mit einem Flötenwerk verbundenen Forte-Pianos namentlich müssen sehr gut angelegt und gemacht seyn, wenn sie gute Dienste machen sollen. Ihre Wirkung ist übrigens dann sehr schön. —

Von den Clavieren, die noch mehr verkleinert sind, als die gewöhnlichen Tafel-Claviere, läfst sich gar nichts Empfehlendes mehr sagen. Kein natürliches und richtiges Verhältnifs kann mehr bei ihnen Statt finden; die Saiten sind zum gröfsten Theile zu kurz, der Ton im Basse kraftlos und unrein, und der Körper hat nicht die nöthige Festigkeit. Man thut daher sehr wohl, solche Instrumente denjenigen zu überlassen, die überhaupt keine musikalischen Forderungen an ein Clavier machen oder machen können. —

teutschen Hammer, welcher an der Taste hängt, und mit ihrem Steigen einen nach der Länge der Taste gröfsern oder kleinern Bogen beschreibt, je nach der Höhe, in welche die Taste gestiegen, — verändert. Aufser dem oben schon berührten Vortheil, dafs bei dem festen Punkte der Axe des englischen Hammers die Schwingung desselben keine Störung erleidet, trifft also dieser die Saite richtig, die Taste mag hoch oder nieder stehen; statt dafs der teutsche Hammer bald zu weit vorne, bald zu weit hinten anschlagen kann, was zur Folge hat, dafs besonders wenn einmal die gehörige Festigkeit und Präcision in der teutschen Mechanik durch längern Gebrauch verloren gegangen, die Hämmer öfters nebenliegende Saiten mitanschlagen, oder auch nur Eine Saite des rechten Tons treffen. Hieran leiden vorzüglich diejenigen Tafel Forte Pianos, bei denen die höheren Saiten *vorne* liegen; die Tasten verlieren bei dieser Bauart gegen die Höhe allzusehr in ihrer Länge, wodurch ihr Gang zu bogenförmig, und der Anschlag auf den in der Höhe ohnehin enge liegenden Saiten so unsicher wird, dafs Ton, Stimmung und Haltbarkeit in den obern Octaven darunter verloren gehen. Es verdienen daher die Tafel-Forte-Pianos, bei welchen die höheren Saiten hinten liegen, schon in dieser Hinsicht einen entschiedenen Vorzug, neben dem, dafs überhaupt schon die Bauart bei jenen Instrumenten gewöhnlich weniger dauerhaft ist, als bei diesen.

Unter den verschiedenen *Dämpfungen*, welche bei Tafel-Forte-Pianos angetroffen werden, verdienen diejenigen

III.

Vom Tone.

Es ist schwer zu bestimmen, welches der schönste Ton bei dem Forte-Piano sey. Der individuelle Geschmack findet bald scharfe, schneidende, brillante, bald hingegen volle, runde und weiche Töne schön. Ohne einer Meinung zu nahe zu treten, kann man aber doch annehmen, dafs, wenn sowohl die einzelnen als zusammenklingenden Töne des Forte-Piano Gefallen erwecken und das Gemüth ansprechen sollen, sie sich, so sehr als möglich, dem Tone der besten *Blas Instrumente* nähern müssen. So kann z. E. besonders der Flügel vieles vom Tone der Clarinette und des Hornes haben, und wenn die Aehnlichkeit sich auch darin äussert, dafs der angegebene Ton *lange* in fast gleicher Stärke *fort- tönt*, wenn er sich nicht sogleich entweder ganz oder in die *höhere Octave* verliert, wenn er nicht *kurz* ist, was er seyn kann, selbst wenn er stark ist, so kann man annehmen, dafs er gut sey. Ein solcher *sing r* Ton ist eine Hauptsache, das Clavier mag dann weich oder brillant intonirt seyn.

Der Ton eines Forte-Piano kann indessen nicht voll seyn, und doch fortsingen; dies gilt besonders von dem sogenannten *Silberton*, der aber sehr bald, besonders bei starkem Spielen, *Eisenton* wird. Dieser Ton grenzt schon an das *Trockene*, *Dünne*, *Magere*; er ist zu weit von der Aehnlichkeit mit der Menschenstimme oder denen Instrumenten entfernt, welche durch ihre runden, weichen, schmiegsamen, das ganze Ohr ausfüllenden Töne so mächtig auf das Gefühl wirken.

Auch ein Ton, der im Basse ins Paukenartige fällt, wenn er gleich weich und forttönend seyn sollte, kann nicht schön genannt werden, so wenig ein seichter und wenig imponirender Ton taugen mag.

Was die *schöne Tongebung* von Seiten des Spielers betrifft, so wird im folgenden Abschnitte das Weitere hierüber gesagt werden.

IV.
Vom richtigen Gebrauche des Forte-Piano.

So wichtig es für den Clavierspieler ist, ein Instrument zu haben, auf welchem er ohne Anstrengung leicht, singend, fertig, mit Ausdruck spielen und bei Darstellung der Leidenschaften immer zweckmäfsige Töne hören lassen kann; so wichtig ist es auch für ihn, dafs er die mechanischen Kräfte desselben genau kenne, damit er keine Forderung daran mache, welche es nicht leisten, oder Wirkungen hervorzubringen suche, welche es nicht erfüllen kann.

Alle Tonwerkzeuge, selbst die Menschenstimme, haben ihren bestimmten Wirkungskreis, den man nicht überschreiten kann, ohne durch übeln Eindruck auf den

Zuhörer, oder durch den Tadel des Kenners bestraft zu werden.

Es ist zu bedauern, dafs so wenige Clavierspieler darnach trachten, ihr Instrument seiner Natur gemäfs zu behandeln. Wie oft muſs man das Forte-Piano, dieses reichhaltige Instrument, so mifshandeln hören, daſs es oft keinen bessern Effect, als eine schlechte Harfe, oder ein armseliges Hakbrett machen kann!

Die Beschuldigung, daſs das Forte-Piano im ausdrucksvollen Spiele andern Instrumenten weit nachstehen müsse, kann nur solche Claviere treffen, deren Ton wenig Biegsamkeit hat, deren Tastatur-Tractament hart ist, und bei denen die Mechanik die Bewegung der Finger nicht unterstützt. Man höre aber einen richtig fühlenden Spieler auf einem guten Instrumente, das alle Grade der Stärke und Schwäche des Tons, auch in den feinsten Abstufungen, angiebt, dessen Tastatur so beschaffen ist, daſs der Spieler an keine Mechanik erinnert wird, auf welchem man mit Leichtigkeit alles herausbringen, schnell abstoſsen, singen, den Ton verhauchen lassen kann, — und man wird bald ein anderes Urtheil vom Claviere fällen.

Die oben gegebene Beschreibung der einzelnen Hauptbestandtheile des Claviers wird hinreichen, um sich einen richtigen Begriff von der Hervorbringung des Tones und von dem, was von einer guten Mechanik erwartet werden darf, zu verschaffen. Es dürften auch hiernach die Regeln

für die Behandlung des Claviers beim Spielen sehr leicht
zu abstrahiren seyn.

Die beste Mechanik kann nichts weiter thun, als den
guten und richtigen Anschlag *vorbereiten*. Sie kann es
dem Spieler möglich und leicht machen, so anzuschlagen, damit genau die Art des Tons erfolge, welche
die Musik oder sein eigenes Gefühl verlangt. An ihm also
liegt es jetzt, diese Mechanik zu beleben; an ihm allein
liegt die Ursache der bessern oder schlechtern Wirkung
seines Instruments. Nachfolgende Regeln sind daher noch
insbesondere jedem Clavierspieler zu empfehlen.

Der *Sitz* des Spielers muſs so eingerichtet seyn, daſs
sein Ellenbogen, bei natürlich am Leibe herabhängendem
Arme, etwas höher sey, als die Claviatur. Ein Sitz, der
niederer ist, verhindert den richtigen Anschlag, und macht
das leichte und schnelle Spielen in die Länge mühsam.

Der *Arm* liege *gegen* den Leib, ohne an ihn ange-
schlossen zu seyn, dann bekommt die Hand von sich selbst
schon die richtige Lage. Während des Spiels muſs der Arm
ruhig bleiben, und sich nur nach Erforderniſs des Auf- und
Abgehens der Hand, so viel als nöthig ist, mitbewegen.

Die *Hand* liege natürlich, so wie sie an den Arm ge-
wachsen ist. Man biege ihr Gelenk weder in die Höhe noch
in die Tiefe. Bei der Bewegung der Finger muſs sie in der
ruhigsten Lage bleiben, aber ohne steif zu seyn, oder es
auch nur zu scheinen. Der Arm muſs die Hand tragen, die
Hand die Finger; je ruhiger Hand und Arm sind, je gewisser

ist der Gang der Finger, die Fertigkeit gröfser und der Ton schöner.

Die *Finger* müssen bei dem Spielen gebogen seyn, d h. man mufs sie so weit zurückziehen, bis sie mit dem natürlich gerade gehaltenen Daumen eine Linie ausmachen. Der Finger darf die Taste nur mit seinem vordern, fleischigten Theile, aber nie mit dem Nagel berühren. Wenn dagegen gefehlt wird, und die Nägel öfters auf die Tasten fallen, so macht es ein höchst widerwärtiges Geräusch, welches allen Ton verderbt. Eben so schlimm ist es, mit geradegestreckten Fingern zu spielen, wodurch der Anschlag alle Kraft verliert.

Man suche so viel als möglich die Tasten vorne bei ihrem Anfange anzuschlagen, weil dann die Wirkung des Hebels stärker ist, und nur wenige Kraft dazu gehört, um einen gesunden und kräftigen Ton hervorzubringen.

Dafs kein Anschlag erfolgen kann, wenn man nicht vorher die Taste wieder in ihre Ruhe hat zurückfallen lassen, ist schon oben bei der Beschreibung der Hammer-Mechanik umständlich erklärt worden.

Am wichtigsten sind die hier gegebenen Regeln, wenn piano oder pianissimo gespielt werden soll. Der sichere Anschlag, den man sich durch ihre Beobachtung erwerben kann, wird es möglich machen, auch die allerleisesten Töne deutlich hervorzubringen.

Man suche auch nie dadurch Kraft oder Fertigkeit zu erhalten, dafs man die Hand oder ihr Gelenke steif macht;

denn diefs hindert jede zweckmäfsige Bewegung der Finger. Einzelne Töne suche man eher durch ein elastisches Anschnellen, und ganze Accorde durch einen nervösen Stofs, als durch hartes Schlagen oder unnöthiges Hineindrücken in die Tastatur, hervorzubringen.

Das *zu starke Schlagen*, welches jedes Forte Piano verderben mufs, giebt überhaupt weit weniger Ton, als man gewöhnlich glaubt; denn jede Saite hat nur ihren bestimmten Grad von Stärke, den sie gewähren kann. Will man durch einen heftigen Anschlag diese Stärke noch höher treiben, so wird die Saite dadurch in eine unnatürliche Schwingung versetzt. Ist das Metall der Saite weich, so dehnt sie sich aus und wird tiefer; ist es aber spröde, so kann die Saite der zu grofsen Gewalt nicht nachgeben und reifst ab.

Weit leichter und dabei schöner, als durch die Arbeit der Fäuste, erhält man die höchste Stärke durch das nahe Aneinanderlegen der Töne, bei welchen das Ohr keinen Zwischenraum wahrnehmen kann.

Man suche sich überhaupt einen Anschlag zu erwerben, bei dem die Saite, unbeschadet der Stärke des Anschlags, möglichst rein gestimmt bleibt; ein solcher Anschlag giebt auch den schönsten Ton, weil die Saite nicht über ihre Kräfte in Anspruch genommen wird. Ein Clavierspieler, unter dessen Händen ein sonst haltbares Clavier sogleich seine Stimmung, und wohl gar Saiten verliert, hat einen falschen Anschlag, er mifshandelt das Instrument, und ihm fehlt gewiſs die erste Bedingung eines guten Spielers, *ein guter Ton*.

Es ist daher für das Clavierspielen, so wie für das Clavier selbst, äuſserst wichtig, sich einen guten Ton zu erwerben. Man nehme die Sänger, die Blas-Instrumentisten zum Muster. Wie viele Mühe geben sich diese, um ihren Ton schön zu bilden! wie unendlich viele Zeit wendet der Violinist darauf, um dem Vorwurf zu entgehen, *er habe einen schlechten Ton*. Sollte der Clavierspieler allein sich von diesem unentbehrlichen Studium ausschlieſsen wollen? Sollte er so wenig Einsicht haben, zu glauben, daſs auch die vollkommenste Mechanik ihm ein Instrument anschaffen könne, welches immer den richtigen Ton giebt, es möge gut oder falsch behandelt werden? Unmöglich kann man diese Meynung haben. Nur der Mangel des Unterrichts ist daran Schuld, wenn hie und da Clavierspieler ihre Instrumente so zweckwidrig behandeln. Man gebe sich nur die Mühe, man habe nur den Willen dazu, man mache sein Ohr aufmerksam darauf, so wird bald sehr viel gewonnen seyn.

Es ist Sache des Clavierunterrichts, die weitern Regeln für Hervorbringung eines guten, und Vermeidung eines schlechten Tones zu geben; indessen mag es nicht ohne Nutzen seyn, hier noch zwei Gattungen des Clavierspielens nach der Natur darzustellen, und dadurch dem Musikliebhaber Stoff zu Vergleichungen zu geben.

Man denke sich einen wahren Tonkünstler, der gerade

jetzt im Begriff ist, öffentlich oder auch in einer Privatgesellschaft, Forte-Piano zu spielen. Mit einer Miene, welche zeigt, daſs *ihm* selbst die Musik Vergnügen mache, setzt er sich zu seinem Instrumente, und giebt sogleich durch die Haltung seines Körpers zu erkennen, daſs er weiſs, was zum guten Spiele gehört.

Er übergeht das Clavier, und schon die ersten Töne entflieſsen seinen Fingern so leicht, so kernhaft, so nett, und doch so natürlich schön, daſs an die Kunst, sie so zu geben, gar niemand denkt.

Bei fortlaufendem Spiele ist die Haltung des Armes, der Hand, der Gang der Finger selbst, äuſserst ruhig. Keine Bewegung verräth Mühe oder Anstrengung. Die Tastatur ist unter seinen Händen wie eine weiche, willige Masse, aus der er Töne bilden kann wie er will. Alle Schattirungen des wachsenden und abnehmenden Tones sind in einander geschmolzen.

Er spielt mit allem Feuer des männlichen Künstlers, und immer bleibt sein Ton noch schön, *weil er das Forte und Fortissimo mehr durch vollständige Harmonie, als durch einzelne Töne zu geben sucht.* Seine starken Accorde arten nie in das schneidende Geschrei aus, welches nur in Symphonien oder Theaterscenen an seinem Platz ist; eben so wenig sucht er sie durch Hauen oder Hacken auf die Tasten, als vielmehr durch ein nervöses Anschlagen zu erhalten. Muſs aber dennoch die höchste Stärke gegeben werden, so wird er sie lieber durch den Baſs als Discant bewirken, weil er dann dem Instrumente nicht so viel schadet, und dem Ohre der Zuhörer nicht beschwerlich fällt.

Sein *Piano* oder *Pianissimo* ist in den schnellen, so wie in den langsamen Noten immer deutlich. Er weifs, dafs diese Modulation nur dann hohes Vergnügen gewährt, wenn die leisen Töne auf das genaueste und gewisseste gegeben werden, und der Zuhörer nicht über das zweifelhaft ist, was er gehört hat.

Das *Crescendo*, so lang auch der Zeitraum sey, den es dauern soll, weifs er so zu geben, dafs man nie bemerkt, ob der jetzige Ton stärker ist, als der vorige war. Und dennoch führt er unvermerkt auf die höchste Stufe des Fortissimo, so wie er auch durch das *Decrescendo* das gespannte Gefühl wieder zur Ruhe bringt.

Bei dem *Fortissimo* täuschte er uns durch das Aufheben der Dämpfung, dafs wir glaubten, die Fülle eines ganzen Orchesters zu hören. Jezt, im *Pianissimo*, giebt er uns durch eben dieses Mittel die sanften Töne der Harmonica.

Wie rein, wie flötenartig klingen die Discant-Töne, während die linke Hand ihnen consonirende Accorde entgegensetzt! Wie voll lautet der Ton des Basses, welcher elastisch leicht angeschnellt wird. Sparsam bringt er diese Schönheit an, damit der öftere Gebrauch nicht seine Wirkung verfehle.

Es weifs jeden Ton singen zu lassen, ohne sein Instrument anzustrengen, weil er jeder Taste den gehörigen Anschlag giebt.

Die Hauptstimme dringt immer hervor, denn die sie begleitenden Noten werden mit Vorsicht *etwas schwächer* angegeben. Sollten auch Melodie und Begleitung in der nämlichen Hand liegen, so weifs er dennoch *den Hauptton kräftiger* als den begleitenden anzuschlagen, und macht uns dadurch den Gesang mehrerer zugleich gehender Stimmen auf das deutlichste vernehmbar.

Sein schnelles Staccato, wie leicht ist dies! wie ruhig ist die Hand, und wie rund lautet dennoch der Ton, so kurz er auch dauert!

Man höre seine *gezogenen (geschleiften) Noten*; wie schön hängen sie zusammen, und wie richtig sondern sie sich doch alle ab. *Kein Finger hebt sich früher auf, als bis die folgende ihren Anfang nimmt; keiner bleibt länger liegen, wenn die folgende Note schon den Anfang genommen hat.* Dies ist die Ursache, warum wir alles so klar hören, warum die Töne so fliefsend daher rollen.

Rein, wie Perlen, ist sein *Triller*; weil er *keinen Finger höher als den andern hebt*; dadurch kann er ihn langsamer, schneller machen, er kann ihn auf den höchsten Grad anschwellen und wieder auslöschen lassen.

Wie schön prallen seine *Doppelschläge*, *Mordenten* oder *kurze Triller* ab; weil er die Finger nahe zusammenhält und nicht durch das Herbeiziehen derselben auch nur den kleinsten Theil Zeit verliert.

Im geschwinden Tempo schlägt er den nämlichen Accord schnell und oft nach einander an. **Nie versagt** ihm ein Ton. Man glaubt dieselben Töne ohne Unterbrechung gleich stark fortdauern zu hören. Für ihn ist dies leicht, weil seine Hand die ruhigste Lage hat. Seine Finger bleiben zwar immer auf den Tasten liegen; dennoch aber heben sie sich so hoch, dafs die Tasten Platz gewinnen, wieder in ihre Ruhe zurückzugehen, damit die Hebung des Hammers bei dem neuen Anschlage nicht versage.

So wenig er sein Forte-Piano tyrannisirt, so wenig ist er auch ein Sclave desselben. Er überläfst sich kühn dem ganzen Feuer der Begeisterung; allein der reine Geschmack hält die Zügel, und läfst ihn nie in häfsliche Töne ausarten.

Im *Adagio*, bei dem Ausdrucke sanfter, trauriger Gefühle, weifs er so schön der herrschenden Empfindung gemäfs sein Instrument sprechen zu lassen. Richtig fühlend, bekannt mit der Kunst, dieses Gefühl an den Tag zu geben, weifs er seine Töne fliessen zu machen, ohne dafs sie *schleichen;* sein Piano so auszuführen, dafs es unsere Aufmerksamkeit fesseln *mufs*. Den Ausruf des Schmerzens wird er nie grell, oder durch knirschenden Ton, sondern lieber gemildert ausdrücken; denn der Schmerz erweckt bei dem Zuhörer wie bei dem Zuschauer nur alsdann Gegenempfindung, wenn er verschönert oder edel dargestellt wird. *Vor dem rohen Ausdrucke flieht Jedermann.*

Der Spieler hört endlich auf, und läfst die angenehmsten Eindrücke in den Zuhörern zurück, welche nie unempfindlich gegen wahre Schönheiten sind. Wodurch erregte er unser Wohlgefallen? Nur dadurch, dafs er die Beschaffenheit des Forte-Piano überhaupt genau studierte, dafs er das ebensogut kennt, was in der Natur desselben liegt, als dasjenige, was ihr unmöglich oder fremd ist; dafs er sein Gefühl den Grenzen des Instruments unterzuordnen gelernt hat, und durch die richtige Kenntnifs der mechanischen Behandlung (welche bei jedem Instrumente, ohne Ausnahme der Menschenstimme, Statt findet) nun in den Stand gesetzt ist, uns alles des fühlen zu machen, was er selbst fühlt.

Diesem Bilde mag ein anderes gegenüber stehen, welches zwar nicht nachahmungswürdig ist, aber doch zur Vermeidung des Fehlerhaften dienen kann.

Ein Spieler mit dem Rufe: „er spiele ausserordent„lich, so etwas habe man nie gehört," setzt sich (oder wirft sich) zum Forte-Piano. — Schon die ersten Accorde werden mit einer Stärke angegeben, dafs man sich fragt, ob der Spieler taub sey, oder ob er seine Zuhörer dafür halte? Durch die Bewegung seines Leibes, seiner Arme und Hände, scheint er uns begreiflich machen zu wollen, wie schwer die *Arbeit* sey, welche er unternommen. Er geräth in Feuer, und behandelt sein Instrument gleich einem Rachsüchtigen, der seinen Erbfeind unter den Händen hat, und mit grausamer Lust ihn nun langsam zu Tode martern will. Er will Forte spielen, allein, da er schon im Anfange die Töne übertrieben, so kann er keinen höhern Grad von Stärke mehr herausbringen. *Er haut also*, und hier verstimmen sich plötzlich die mißhandelten Saiten, dort fliegen einige unter die Umstehenden, welche sich eilig zurück ziehen, um ihre Augen in Sicherheit zu setzen. — Bei dieser einzelnen Note steht ein Sforzando! Glücklicher Weise hält der Hammer, hält die Saite noch aus. Aber hören Sie, wie der Ton knirrscht, wie schmerzlich er dem Ohre fällt! Leidenschaftliches Feuer verwandelt er zur *Wuth*, die sanften Empfindungen drückt er durch *kaltes Spielen* aus. — Da er alles auf einen höhern Grad spannt, so ist es natürlich, daß er das Forte-Piano bei dem Ausdrucke des Schmerzens schreien und heulen läßt, und beim raschen, freudigen Gang der Musik Tasten und Hämmer lahm schlägt.

Schatten und Licht — in einander verschlungenes Wachsen und Abnehmen der Töne, ist für ihn zu kleinlich; dies gehört nur für Weiber.

Jetzt kommt ein Crescendo: Schade, daß man nichts davon gewahr wird, weil nur die erste Note schwach, die zweite aber schon wieder zu stark war.

Doch nun kommt das Adagio! — Nähern Sie Sich, schöne Zuhörerinnen, er will mit dem Ellenbogen zu Ihnen sprechen! Sehen Sie nicht, wie schmachtend er diese gegen Sie ausstreckt, wie das übermächtige Gefühl sich des Leibes und der Arme bemeistert hat? Leider hören die rückwärts Sitzenden nichts von diesem *sichtbaren* Ausdruck, auch können sie sich die undeutlichen stammelnden Töne gar nicht erklären. Aber warum hat auch der

Spieler ein so eigensinniges Instrument, das nur seinen Fingern, nicht aber *seinen Gesticalationen* gehorchen will? Warum sind die Kräfte der Natur und Kunst zu klein, um ein so mächtiges Gefühl überall hinströmen lassen zu können?

Jetzt spielt er mit der Begleitung des Orchesters, und giebt sich alle Mühe, mit seinem einzelnen Forte-Piano alle übrigen Instrumente auch im stärksten Tutti zu überschreien.

Nun accompagnirt er den Sänger! Wehe diesem! Kein Ton wird aus seiner Kehle kommen, dem nicht einige gehackte Noten in den Weg geworfen werden.

Puff! was war das? Er hat die Dämpfung in die Höhe gehoben; da ihm aber nichts so geläufig ist, als Gewalt, so hat er sie an das Clavier gestofsen. Jetzt will er die Harmonica nachahmen; aber er bringt nur herbe Töne heraus, consonirende und dissonirende Accorde fliefsen untereinander und wir bekommen nur ein widerliches Gemengsel zu hören.

Kurze Noten stöfst er mit Arm und Hand zugleich polternd ab. Soll er Töne zusammen ziehen (schleifen), so vermischen sie sich unterander, weil er nie einen Finger zu rechter Zeit aufhebt. — Sein Spiel gleicht einer Schrift, welche man bei noch nicht trockener Tinte auswischt.

Man erwarte kein wohlthuendes Piano! Mufs er es auch einige Tacte lang spielen, so wird er den angenehmen Eindruck mit seinen grellen, spitzigen Tönen schon wieder zu tödten wissen.

Matt, erschöpft, wie wenn er Eichbäume hätte ausreissen wollen, steht er endlich auf, und hinterläfst das arme Forte-Piano, für welches sein Besitzer bei jedem Anschlage gezittert, in einem Zustande, welchen die Wuth eines Barbaren nicht hätte schlimmer machen können. Man hat von Glück zu sagen, wenn mit einem halben Dutzend Saiten dem Schaden noch abzuhelfen ist, und nicht abgeschlagene Haken und Hämmer zerstreut umher liegen.

Bemerkt er die üble Wirkung auf die Zuhörer (wer sollte ihn auch bewundern können!) so ist er artig genug, die Schuld dem schlechten Instrumente, auf welchem sich nicht mit Feuer und Ausdruck spielen lasse, beizumessen. —

Ist diese Schilderung übertrieben? Gewifs nicht! Es liefsen sich Beispiele zu Hunderten anführen, wie solche *Clavierwürger* im schönsten, sanftesten Adagio Saiten zerschlagen, eine ungeheure Stärke aus einem einzigen Discant-Tone heraus bringen wollen; wie durch sie in wenigen Stunden das beste Forte-Piano zu Schanden gehauen werden kann, und sogar (dies ist keine Fabel) Pedal-Tasten auf der Orgel zertreten werden.

Die Ursache, warum übrigens die Clavierspieler mehr als die übrigen Instrumentisten den Ton übertreiben, ist natürlich. Alle Saiten- und Blas-Instrumente liegen während der Berührung des Spielers dem Ohre näher als das Clavier. Bei diesem ist der Spieler in keiner so nahen Verbindung mit dem Tone, als die übrigen Instrumentisten, sondern er hat nur die Tastatur, die den Ton hervorbringt, ihn selbst aber nicht giebt, nahe bei sich, aber gerade das, was den Ton eigentlich schafft, Saiten und Resonanzboden, entfernt von sich.

Das Forte-Piano macht daher vorne nicht die Wirkung wie rückwärts, und der Spieler vernimmt den Ton um so weniger in seiner eigentlichen Stärke, als meistens auch der Ton noch durch das Notenpult und die darauf liegenden Noten auf die dem Spieler entgegengesetzte Seite geworfen wird.

Daher kommt es, dafs diejenigen, welche dem Spieler gegenüber stehen, alles, auch in der Entfernung, auf das deutlichste vernehmen, während jener glauben kann, sein Instrument gebe wenig Ton. In einem grofsen Saale vollends, der ohnehin dem Tone des Forte-Pianos weniger günstig ist, als ein mässig grofses Zimmer, verliert sich die Wirkung für den Spieler noch mehr. Hat übrigens dieser nur sich einen sichern, sprechenden Anschlag eigen gemacht, so wird ihm kein Ton ausbleiben, und den Zuhörern jeder, sey er auch noch so piano, hörbar werden.

Wenn der Ton eines Forte-Piano gesund und natürlich erscheinen soll, so darf auch das Local nicht mit weichen Gegenständen, als z. B. grofsen Fenstervorhängen, zu vielen gepolsterten Sesseln und Sophas, Kleidern u. s. w. *überfüllt* seyn; am allerwenigsten aber wird das Clavier oder irgend ein Instrument, oder die Menschenstimme, in einem Zimmer klingen, in welchem Betten stehen. Auch Fuſsteppiche tödten und dämpfen den Ton. Wer in der Lage ist, es thun zu können, thut wohl daran, das Ameublement des Zimmers, in welchem das Clavier steht, auf das Unentbehrlichste zu beschränken, denn der Ton überhaupt, komme er von was er wolle, wird durch alle und jede *weiche* Geräthschaften *kurz* und *dumpf*. Selbst die Bedeckung des Claviers, sey sie von Leder oder Tuch, welchen Werth auch dieselbe für die äusserliche Erhaltung des Instruments haben mag, ist dem Tone nachtheilig und dämpft ihn; wie viel mehr leidet dieser unter einer Last von Noten, Büchern und andern Gegenständen, welche so manches Clavier zu tragen hat! Denn gar oft ist das Clavier das Repositorium von Allem, dem man sonst keinen Platz zu geben weiſs.

Auch in *zu hohen* Zimmern verliert der Ton von seiner Klarheit und Stärke; die Höhe ist neben der Gröſse mitunter ein Grund, warum, wie oben bemerkt worden, in Conzertsälen das Clavier von seiner Wirkung gegen jene in einem mittelmäſsigen Zimmer etwas verliert.

Wenn viele Personen um ein Clavier herumstehen, so stumpft dies den Ton gleichfalls etwas ab. Ein Conzertspieler namentlich thut daher wohl, dies nicht zu leiden. Die Umstehenden beängstigen überdies nur den Spieler.

Bei Conzerten ist es auch nöthig, das Forte-Piano den Zuhörern etwas näher zu rücken, als das Orchester. Zunächst hinter sich lasse man nur die Violinen. Bässe und

Blas-Instrumente müssen weiter rückwärts seyn, jedoch letztere mehr als die ersteren.

Wenn man ohne Begleitung spielt, so sollte nie angefangen werden, als bis alles ganz stille ist, damit gleich die ersten Töne, auf welche bei einem Solospieler so viel ankömmt, von den Zuhörern rein und ohne Zerstreuung aufgenommen werden.

Der Spieler mäfsige Anfangs seinen Ausdruck und seine Lebhaftigkeit. Hat der Componist so schlecht für ihn gesorgt, dafs er schon in das erste Stück die brillantesten Passagen oder die schönsten Stellen legte, so bleibt ihm doch noch das Mittel übrig, diese Sätze weniger herauszuheben, und das ganze Interesse des Vortrags auf das Ende zu sparen. *Hier* hört man rasches Spiel gerne, hier geräth man mit dem Künstler in Feuer. Wenn er hier seine Kunst entfaltet, und in einem fortlaufenden Strome alles das hören läfst, was man auf dem Forte-Piano schnell, glänzend und vollstimmig ausdrücken kann, so wird ihn der Beifall aller seiner Zuhörer lohnen.

V.

Behandlung des Forte-Piano in Beziehung auf Wärme, Kälte etc., Material des Instruments etc.

Ueber diese Materie herrschen gewöhnlich sehr irrige Ansichten. Es wird darauf ankommen, die Natur des

Materials, aus dem ein Forte-Piano besteht, kennen zu lernen, dann werden sich die Regeln für die Behandlung sowohl, als das, was in dieser Hinsicht, und namentlich der *Stimmung* wegen erwartet werden darf, von selbst ergeben.

Ein Hauptbestandtheil des Materials ist das *Holz*. Aus demselben ist der Kasten, der Resonanzboden, die Claviatur etc. gemacht. Im besten Falle ist dieses Holz nun gehörig ausgetrocknet. Aber auch selbst diesen Fall angenommen, ist das Holz eine Materie, die nicht nur den Wirkungen der *Wärme* und *Kälte*, sondern besonders auch der *Trockenheit* und *Feuchtigkeit* nicht zu widerstehen vermag. Es ist bekannt, daſs die Wärme alle Körper, sie seyen von was sie wollen, — nur mehr oder weniger — ausdehnt, und daſs die Kälte die entgegengesetzte Wirkung macht. Es ist ferner bekannt, daſs die Trockenheit der Luft alle Körper, die aus *Fasern* bestehen (und das Holz besteht aus nichts anderm) ausmägert und dörrt, weil alle Wassertheilchen, die sich in solchen faserigten Körpern befinden, in der trockenen Luft nach und nach aufdunsten, wodurch sich die Fasern näher zusammen legen, der faserigte Körper also *dünner* oder *schmäler* wird (denn auf die *Länge* wirkt dies nicht). Bei zunehmender Feuchtigkeit der Luft, die auch das Holz durchdringt, weil es unendlich viele Poren hat, nehmen nun auch die Fasern die sich anhäufenden Wassertheile der Luft immer mehr in sich auf, wodurch sie dann anschwellen und der faserigte Körper an Dicke und Breite zunehmen mufs. In diesem Fall ist nun das Holz, wie gesagt, als ein solcher faserigter Körper, ganz besonders, und um so mehr, je weicher, je faserigter es ist; z. B. Tannenholz ändert sich mehr als Eichenholz. Nun ist aber diesen Veränderungen auch das *allertrockenste* Holz unterworfen, ja dieses bei feuchter Luft mehr als solches, das noch nicht ganz ausgetrocknet ist; nur mit dem Unterschiede, dafs das *ganz trockene* Holz immer wieder, je nach Verschiedenheit der Luft, in seine vorige Lage und sein voriges Volumen zurückgeht, wo hingegen das noch nicht ganz trockene Holz bei Wärme und Trockenheit der Luft so lange schwindet, bis die Feuchtigkeit, die es noch von seinem *lebendigen* Zustande her in sich trägt, verdunstet, und keine andere mehr in ihm ist, als diejenige, die es in seinem *todten*, *abgestorbenen* Zustande von der in dasselbe eindringenden Luft in grösserer oder geringerer Quantität aufgenommen hat.

Was die Saiten betrifft, so sind solche entweder von Messing oder feinem Eisen (denn es giebt keine *Stahlsaiten*). Diese leiden zwar nicht viel von Feuchtigkeit oder Trockenheit, desto mehr aber von Wärme und Kälte. Eine Saite dehnt sich, wie alle Körper, in der Wärme aus, wird *länger* und somit *schlaffer* und tiefer im Tone. Die Kälte zieht sie zusammen, sie wird *kürzer*, daher *straffer* und stimmt höher. Dafs der Bafs eines Claviers hierunter besonders leidet, ist natürlich, weil der Einflufs der Temperatur auf die lange Saite weit mehr ausmacht, als auf die kurze. Besonders aber die Messingsaiten, deren Material weicher ist, verändern sich, auch nur bei einem Temperatur-Unterschiede von 6 — 8 Graden, auffallend. Wenn das Clavier in einem Zimmer von 16 Grad Wärme gestimmt worden, es sinkt aber die Temperatur nur über Nacht auf 10 Grade herunter, so wird der Baſs schon zu hoch stimmen, und so umgekehrt.

Aus diesen, in der Empfänglichkeit des Materials für die Einwirkungen der Luft liegenden *Ursachen* würden sich die *Wirkungen* leicht ableiten lassen, wenn die durch die Beschaffenheit der Luft bewirkten Ausdehnungen und Zusammenziehungen sich bei allen Theilen eines Claviers zu gleicher Zeit und in gleichem Grade äussern würden. Da dies nun aber nicht der Fall ist, da im Gegentheil dieselben oft einander entgegengesetzt sind, so läſst sich etwas *Bestimmtes*, eine *gewisse* Folge, hier nicht annehmen. Nur soviel ist in der Erfahrung gegründet, daſs die Wärme die Stimmung sinken macht; wohingegen diese in der Kälte steigt; und daſs besonders bei anhaltender *Ofenwärme* und Trockenheit des Zimmers dieses Sinken ganz auffallend wird, während bei der *Sommerwärme* doch meistens der Discant noch seine Höhe behält, ja manchmal sogar steigt. Ferner zeigt die Erfahrung, daſs bei feuchter Wärme der Discant gerne fällt, und daſs bei nasser, kalter Witterung gewöhnlich der Baſs in die Höhe geht, so wie derselbe beim anbrechenden Frühjahr und eintretender gelinderer

Luft zu tief wird, ohne dafs dies zugleich im Discante der Fall wäre, der im Gegentheile dann steigt.

Da eine Hauptbedingung eines guten Tones darin besteht, dafs das Holz des Instruments die gehörige Trockenheit hat, indem es dann dem Schall günstiger ist, so möchte darinn die Ursache liegen, warum ein Forte-Piano bei trockener Luft besser klingt als bei feuchter, obschon die Fortpflanzung des Schalles bei leichterer (also mehr zum Regen geneigter) Luft leichter geschieht, als bei schwererer (wobei der Barometer sehr hoch steht).

Aus dem Gesagten ist nun leicht zu ermessen, wie weit man mit seinen Ansprüchen an ein Clavier in Hinsicht der Haltung der Stimmung gehen darf, und wie sehr diejenigen irren, die glauben, ein Clavier solle ganze Vierteljahre lang gut gestimmt bleiben. Dies hängt einzig von sehr beständiger, gleicher Witterung ab (von der Behandlung beim Spielen ist *hier* nicht die Rede, die kam oben vor). Es kann ein sehr gutes, dauerhaftes Clavier heute gestimmt werden, und in wenigen Tagen, ja vielleicht morgen, ist die *reine* Stimmung schon wieder verloren, weil sich inzwischen die Beschaffenheit der Luft gänzlich geändert hat. Man gebe hier ja dem Instrumente nicht Schuld, sondern suche diese in Natur-Ereignissen, welche niemand zu hindern vermag. Von schlechten, schwach gebauten und schwach bezogenen Clavieren, die überhaupt keine Stimmung halten, ist hier ohnedies nicht die Rede, sondern wie gesagt nur von solchen, bei denen jede Bedingung der Dauerhaftigkeit erfüllt ist. Ein solches Clavier kann aber auch bei sehr beständiger, guter Luft, und sonst regelmäfsiger, schonender Behandlung, besonders wenn man es mit der Stimmung nicht so genau nimmt, des Stimmens ein ganzes Vierteljahr und noch länger entbehren.

Diesen störenden Einflüssen der Luft läfst sich mehr oder weniger, aber nie ganz, vorbeugen. In Hinsicht auf die Wärme und Kälte kann man annehmen, dafs die dem Menschen zuträglichste Temperatur von 15 — 18 Graden Wärme auch für das Clavier am passendsten ist. Je gleicher diese Temperatur gehalten wird, je besser wird dies auch für das Instrument seyn; eine gröfsere Wärme, besonders fortdauernde, mufs das Clavier zu sehr austrocknen und — man möchte sich wohl des Ausdruckes bedienen — zusammendörren. Daher gehen Claviere, auch wenn sie sonst sehr dauerhaft sind, in Zimmern, wo übermäfsig geheitzt wird, bald zu Grunde, oder verlieren wenigstens ihren guten Ton; die Mechanik verliert ihre Präcision und klappert, und es ist von Glück zu sagen, wenn ein solches, zum Scherben gewordenes Instrument nicht an seinen Hauptfugen reifst. Man vermeide daher namentlich auch, das Clavier nahe an den Ofen zu stellen. — Die Kälte schadet weniger; sie verstimmt blofs, oder hat höchstens einige Stockungen zur Folge, denen bald abgeholfen ist.

Die Feuchtigkeit *der Luft* läfst sich schwer abhalten. Die Luft dringt fast überall durch und bringt ihre Bestandtheile mit. Durch Verschlossenhalten des Zimmers,

in welchem das Forte-Piano steht, ist zwar immer einiger
Andrang der Feuchtigkeit, aber nicht aller, abgewehrt. Es
ist daher auch die Zugluft, von der Manche für ihre
Claviere fast mehr befürchten, als für ihre eigene Haut,
nur in so ferne schädlich, als sie überhaupt schnell Kälte
oder Feuchtigkeit in ein Zimmer bringt.

Anders ist es mit der Feuchtigkeit, die nicht in der
äussern Luft, wohl aber in der Lage oder der Bauart eines Zimmers liegt. Diese kann grundverderblich für ein
Clavier werden; sie kann so weit gehen, dafs sie, wie sie
andere Möbeln und sonstige, z. B. an nassen Wänden
stehende Gegenstände ruinirt, faulen macht u. dgl., auch
hier solche zerstörende Wirkungen hervorbringt, dafs der
Leim in den Fugen sich auflöst und diese dann weichen
müssen. Man sehe daher ja darauf, dafs der Stand des
Claviers trocken und gesund sey, und wird man erst
nachher Spuren von Feuchtigkeit an der Rückwand des
Instruments gewahr, so ist es höchste Zeit, dasselbe anders
zu stellen und weiterem Uebel vorzubeugen.

Dafs ein Clavier *Kindern* nicht als Spielzeug preis-
gegeben werden soll, möchte denjenigen, die von dem
Werth und der Würde der Tonkunst durchdrungen sind,
und Interesse für ein gutes musikalisches Instrument haben, kaum gesagt werden dürfen. Was oben von Clavier-
schlägern gesagt worden, unter deren Händen das arme
Instrument halb zu Grund gehen möchte, gilt fast noch in
höherem Grade von Kindern. Diese *schlagen* mit dem

ganzen Arm — ja, sie fallen oft mit der Bewegung des ganzen Leibes auf die Tasten hinein, und wenn nicht Hämmer und andere Theile der Mechanik zerschlagen werden, so sind es doch meistens Saiten in Anzahl, die entweder gesprungen oder so schlaff geschlagen sind, dafs man sie durch neue ersetzen mufs, — was man nach einer solchen Expedition von Kindern am Claviere findet. — Wie sehr schätzt nicht der Künstler auf der Violine, auf der Flöte oder irgend einem andern Tonwerkzeuge sein Instrument, wie sorgfältig wird es behandelt und gepflegt, damit doch ja demselben kein Schaden zugefügt werde! Warum sollte das Clavier, das zudem noch in der Regel eine zimliche Summe kostet, weniger Aufmerksamkeit verdienen! Warum sollte nicht jeder Besitzer es unrecht finden, dasselbe mit Büchern, Noten und andern Dingen zu beladen, ja wohl gar *flüssige* Sachen darauf zu stellen, die nicht selten umgestofsen werden, und in die Tastatur oder auf den Resonanzboden fliessen, und so zum Verderben des Instruments gereichen, im glücklichsten Fall aber wenigstens das Aeussere desselben verunehren?

Man lasse auch nichts auf den Resonanzboden fallen, keine Stecknadeln oder andere ähnliche Dinge. Sie verursachen ein Geräusch, auf dem vibrirenden Boden ein Schnarren, dessen Ursache man oft lange vergeblich nachspürt. Ebensosehr nehme man sich in Acht, solche Sachen oder Tropfen von Wachslichtern u. dgl. zwischen die Tasten oder zwischen die Hämmer fallen zu lassen; sie führen in jedem Falle eine Stockung herbei.

Will man das Instrument ausstäuben, so suche man mit einem Plumeau oder einem weichen Pinsel den Staub auf Saiten und Resonanzboden, Dämpfung etc. zu lösen, und blase hernach mit einem reinlichen Blasebalg das Clavier sauber aus. Ein *Abreiben* der innern Theile mit einem Tuche ist nicht anzurathen, weil dadurch leicht Beschädigung angerichtet wird. Bei der äusserlichen Reinigung kann das Clavier wie jedes schöne Möbel behandelt werden.

Zur Erhaltung der Stimmung ist es nothwendig, daſs das Clavier auch auf allen seinen Füſsen satt aufstehe. Auch der festeste Körper biegt sich da, wo ein Fuſs nicht aufsteht, etwas herab, wodurch die Saiten an jener Stelle stärker angespannt und diese alsdann zu hoch werden. Wenn auch gleich nachher die richtige feste Stellung des Claviers wieder hergestellt wird, so stellt sich deswegen doch nicht immer die richtige Stimmung wieder her. Ein öfteres Hin- und Herstellen des Claviers vermeide man daher so viel als möglich, wenn die Stimmung erhalten werden soll, aufser man lasse auch nachher der Stimmung wieder nachhelfen, wenn sie dadurch etwas gelitten haben sollte.

VI.

Stimmung des Forte-Piano.

Die sorgfältige Behandlung des Forte-Pianos beim Stimmen ist eine für die Erhaltung desselben wichtige Sache. Es kommt hiebei nicht nur auf ein richtiges Ohr des Stimmers, und auf seinen guten Willen, rein und richtig zu stimmen, an, sondern auch darauf, daſs derselbe eine vollkommene Kenntniſs von dem Bau des Instruments und so viele mechanische Geschicklichkeit habe, um sein Geschäft ohne Nachtheil für das Clavier versehen, um kleinen Stockungen und Unregelmäſsigkeiten in der Mechanik abhelfen, besonders aber auch, um neue Saiten reinlich und so aufziehen zu können, daſs man gegen diejenigen, die der Instrumentenmacher aufgezogen, keinen Unterschied bemerken kann.

Ein ungeschickter oder nachläſsiger Stimmer kann ausserdem, daſs er schlecht stimmt, viel verderben. Er zieht z. B. zu dünne oder zu dicke Saiten auf; er dreht die Schlaufen, in welche die Saiten eingehängt werden, häſslich an, und läſst unten an der Schlaufe und oben am Stimmnagel Trümmer von der Saite herabhängen; es ist ihm gleichgültig, ob die Saite unten an der Schlaufe schon abgewürgt ist, so daſs sie beim ersten Gebrauche des Instruments wieder bricht, — ob die Saite schön gerade und glatt ist, oder ob sie alle die Beulen und Krümmen, die sie beim Aufwickeln auf die Spule bekommen, behält; ob das Gewinde auf dem Stimmnagel zu groſs oder zu klein ist, ob dieses Gewinde zu hoch steht, so daſs die Saite nicht einmal auf dem obern Steege aufliegt, oder ob er es zu tief windet, daſs es auf dem Stimmstock aufsteht und die Saite sich vom Steege bis zum Stimmnagel unnatürlich senkt; es liegt ihm wenig daran, ob er die Saite schön oder bucklicht und krumm auf den Stimmnagel gewunden hat, ob die aufgezogene Saite rein oder falsch klingt, ob er, wenn er die Claviatur heraus nehmen muſs, Hämmer zerbricht und sie auf eine erbärmliche Art wieder flickt; ob ein Hammer seine Saiten gehörig trifft oder nicht, ob der Hammer sich gehörig arretirt, ob die Saiten nicht hinter dem Steege zischen, ob die Auslösung der Hämmer richtig von Statten geht, ob er Dämpfer zerreiſst, ob Gegenstände auf dem Resonanzboden oder sonstwo am Instrumente schnarren oder klappern, ob er Stimmnägel verderbt, die Löcher der Stimmnägel zu weit macht u. dgl. — Hat ein solcher Stimmer ein Forte-Piano einige Jahre in seiner Behandlung, so möchte man beinahe oft das Instrument nicht mehr erkennen, so sehr ist dasselbe heruntergekommen.

Alles dieses, und noch mehr, soll der Stimmer *nicht thun*; was er dagegen *thun soll*, möchte aus dem bisher Gesagten leicht zu entnehmen seyn. Folgendes mag hierüber noch bemerkt werden.

Das Forte-Piano soll immer nach der Orchesterstimmung, welche die Stimmgabel angeben muſs, gestimmt seyn; nach dieser ist die Mensur desselben berechnet. Ist die Stimmung tiefer, so verliert nicht nur der Ton an Kraft und Klang, sondern es kann auch nicht leicht mit Blas-Instrumenten dazu accompagnirt werden. Ist sie höher, so ist Letzteres noch mehr der Fall, und die Saiten werden noch überdies durch die unnatürliche Spannung zu sehr ausgedehnt und dadurch zu dünne, wenn sie auch die Spannung aushalten ohne zu brechen.

Die *Temperatur* der Tonarten soll *möglichst gleich* seyn. Hat der Stimmer nicht so viel richtiges Gehör, dafs er diese möglichste Gleichheit auch ohne alle künstliche Regeln herauszubringen weifs, so ist er zu bedauern und er wird zuverlässig auch nach den besten Anleitungen zum Stimmen doch keine richtige Stimmung zuwege bringen. Da es übrigens wegen der allzugrofsen Vermehrung der Tasten und der unüberwindlichen Schwierigkeit, ein solches Instrument fertig zu spielen, nicht möglich ist, die enharmonische Tonleiter auf dem Claviere zu bilden, und dieses Instrument kein *besonderes* Ces, Cis, Des, Dis, Es, Eis, Fes, u. s. w. hat, so kann auf demselben, so wie auf der Orgel und allen andern Tonwerkzeugen, auf welchen die enharmonische Tonleiter nicht gebildet werden kann, die Stimmung überhaupt nie *vollkommen* seyn, und man mufs entweder dem Stimmer zugestehen, in Einen Theil der Tonarten etwas mehr Reinheit und befriedigendere Intervalle zu legen, und es in dem andern um so vieles fehlen zu lassen, oder sich gefallen lassen, dafs bei *vollkommen gleicher* Temperatur der Mangel, nur in kleinerem Maafse, *allen* Tonarten gleich anklebt, indem dann in *jeder* derselben ein Theil der Intervalle zu klein, der andere aber zu grofs seyn wird. Dieser Mangel *vollkommen reiner* Intervalle ist jedoch so wenig fuhlbar, dafs nur ein sehr richtiges, geübtes musikalisches Ohr ihn bemerkt, und sich vielleicht dadurch gestört finden kann. Bei den Blas-Instrumenten, deren Tonleiter durch Finger-Applicatur sich bildet, ist die Stimmung noch weit unter *der* Richtigkeit, die der Stimmung des Forte-Piano gegeben werden kann, weswegen man sich durch besondere Klappen für einzelne Töne zu helfen gesucht hat, wodurch das Uebel theilweise gehoben wird; am allermeisten leiden aber an diesem Gebrechen die Harfen, Guittarren u. dgl. —

Durch die Anspannung einer Anzahl von Saiten wird, auch bei dem stärksten Bau eines Claviers, der Kasten, und somit die Saitenmensur, etwas weniges zusammengezogen. Dies hat die Folge, dafs die schon aufgezogenen Saiten bei dem Nachziehen anderer schlaffer und also tiefer werden. Wollte man z. B. ein Clavier höher, und sogleich die Temperatur in den mittlern Octaven rein stimmen, ohne dafs die übrigen Saiten, wenigstens eine in die andere genommen, ungefähr in die gehörige Höhe hinaufgezogen wären, so würden die rein gestimmten mittlern Octaven durch das erst nachher geschehene Hinaufziehen der übrigen Saiten nicht nur wieder ganz verstimmt werden, sondern auch wieder unter die rechte Höhe der Stimmung herunter sinken. Dies gilt besonders von dem

Discant, der hierinn so empfindlich ist, daſs schon das Hinaufziehen von 2 — 3, einer gestimmten Saite zunächst gelegenen Töne ein Sinken derselben verursacht. Diese Einwirkung der vermehrten Spannung wird natürlich in dem Grade stärker empfunden, als die Länge der Saiten abnimmt, also im hohen Discant um vieles mehr als im tiefen Basse, wo man hievon wenig bemerkt.

Die entgegengesetzte Wirkung, nur nicht in gleich starkem Grade, macht die *Abspannung* der Saiten. Der durch die Spannung etwas zusammen gezogene Kasten geht wieder, so weit er kann, in sein voriges Verhältniſs zurück, und bewirkt dadurch eine vermehrte Spannung, somit eine höhere Stimmung, besonders derjenigen Saiten, welche den Tönen zunächst liegen, die man herunter stimmt. Alles vorhin von den Erscheinungen beim Hinaufstimmen der Saiten Gesagte gilt auch hier, nur, wie natürlich, im umgekehrten Sinne.

Es folgt hieraus als unerläſsliche Regel für den Stimmer, daſs er, wenn er nicht doppelte und dreifache unnütze Mühe haben will, die Saiten, sie mögen nun ganz oder theilweise zu hoch oder zu tief seyn, *vor* der Stimmung in die ungefähr richtige Höhe setzen muſs, so daſs sich die etwaige zu starke Spannung der einen mit der vielleicht zu wenigen Spannung der andern ausgleicht (weil hiebei noch von keiner *Stimmung* die Rede seyn kann) — wodurch sich dann die Spannung des Kastens während der Stimmung gleich erhält, also auch die Saiten die ihnen gegebene Stimmung behalten und weder sinken noch in die Höhe gehen. Es ist übrigens gut, wenn die Stimmung, im Falle man sie hinauf setzen müfste, immer etwas höher, und im Falle sie herunter gesetzt werden sollte, etwas tiefer annommen wird, weil sie sich während des Stimmens doch immer wieder ihrer vorigen Höhe um etwas nähert.

Dafs bei der Stimmung auf die *Temperatur* des Zimmers oder Saales, in welchem das Clavier steht, so viel ankommt, ist oben hinlänglich gezeigt worden. Es folgt daraus, dafs das Local zur Zeit der Stimmung schon diejenige Wärme haben, und dafs diese Wärme auch schon in den Körper und die Saiten des Instruments eingedrungen seyn mufs, die zur Zeit des *Gebrauchs* desselben Statt findet. Wollte man z. B. ein Forte Piano, das in einem *kalten* Saale steht, stimmen, und es dann in dem *geheitzten* Saale beim Conzerte gebrauchen, so würde man dasselbe unfehlbar wieder verstimmt finden. Eben so würde ein Clavier, das in einem warmen Zimmer gestanden und dort gestimmt worden, wenn es in einen etwas kälteren Saal gebracht würde um dort gebraucht zu werden, seine Stimmung verlieren. Man lasse daher ein Forte - Piano, auf welchem Concert gespielt werden soll, überhaupt, besonders aber des Winters, so kurz als möglich vor dem Gebrauche, und in demselben Local, in welchem es gebraucht werden soll, stimmen.

Die Saiten müssen bei der Stimmung stark angeschlagen werden, damit man sowohl von der Haltung der Stimmung, als der Saite überhaupt, bei starkem Anschlage des Spielers überzeugt werde. Der Stimmer spiele überdies nach geschehener Stimmung auf dem Clavier und durchgehe es gehörig, um der Stimmung, wenn sie hierunter etwas verlieren sollte, noch gehörig nachzuhelfen.

Kein Conzertspieler erlaube, daſs, ehe *er* noch gespielt hat, auf seinem Forte-Piano irgend jemand spiele, oder etwas accompagnirt werde. Gar oft vergiſst sich der Spieler auf dem reingestimmten Instrumente, das ihm behagt, oder bei der Begleitung, wo er die Stärke des ganzen Orchesters ausdrücken, es antreiben, oder zurückhalten will, und verderbt auf diese Art, oft wider seinen Willen, die reine Stimmung gänzlich.

Es wäre für den Forte-Pianospieler sehr vortheilhaft, wenn er nur so viel lernen würde, daſs er eine Saite der andern gleichlautend stimmen könnte. Bei mehrmaligem Spielen in öfentlichen Conzerten würde er sich manche Verlegenheit ersparen. Oft ist das ganze Clavier rein gestimmt, und nur eine einzige Saite ist falsch. Wie viele Unannehmlichkeiten erduldet nicht das Ohr des Spielers, der der Stimmung seines Claviers in gar nichts nachhelfen kann und sich wegen jeder Kleinigkeit an den Stimmer wenden muſs! Würde mancher Spieler der Natur des Tons, seiner Entstehung u. dgl. mehr nachdenken, würde er beherzigen, was oben S. 16 u. 17 von der Zusammenwirkung der Saiten bei einem rein gestimmten Claviere und der dadurch vermehrten Harmonie und Stärke des Instruments gesagt worden ist, — gewiſs, er würde den Werth und die Bedeutung der Stimmung besser einsehen, und nicht so oft diese *erste* Bedingung alles Genusses, welchen ein Forte-Piano gewähren soll, entbehren. Denn was ist ein verstimmtes Clavier anders als ein Gemälde mit ruinirten und verwischten Farben? Wie kann es also Harmonien gewähren und einen wohlthuenden Eindruck auf die Seele machen!

VII.
Abhülfe verschiedener Stockungen und Störungen in der Mechanik und sonstiger Anstände.

Nach dem, was bisher über den Mechanismus des Forte-Piano, über das Material desselben u. dgl. gesagt worden, ist es wohl nicht mehr auffallend, wenn, auch bei dem besten und sorgfältigst gebauten Forte-Piano hie und da kleine Unregelmäfsigkeiten in den Functionen der Mechanik und andere dergleichen Erscheinungen vorkommen. Schon mancher Clavierbesitzer ist dadurch, weil er die Einrichtung und die Natur seines Instruments nicht gekannt, in Schrecken gesetzt und das unschuldige, sonst vortreffliche Instrument ihm ganz entleidet worden. Mancher Verdrufs dieser Art wird erspart werden, wenn man sich bemüht, das Nachstehende gehörig aufzufassen und beim eintretenden Falle in Anwendung zu bringen.

Das *Stocken der Tasten* hat seinen Grund sehr oft darinn, dafs die beiden Löcher der Taste, mit welchen sie in ihren Stiften geht, (in der Mitte der Taste und vorne unmittelbar unter dem Finger des Spielers) zu enge werden und die Taste nicht mehr willig genug geht, also entweder ganz stecken bleibt, nachdem sie niedergedrückt worden, oder doch wenigstens nicht mehr ganz in ihre Ruhe zurück fällt, was zur Wiedereinlösung des Hammers (s. S. 14) erforderlich ist, wenn der Hammer nicht beim nächsten Anschlage versagen soll. Es ist sehr irrig, wenn man glaubt, diese Stockung komme von nicht genug trockenem Holze her. Auch das ganz trockene Holz schwillt, wie oben S. 44 bemerkt worden, bei feuchter Witterung auf, und die Löcher, die sehr passend gemacht seyn müssen, um der Taste einen sichern Gang zu gewinnen, können auch bei dem besten Holze zu enge werden. Jedenfalls kann man sich damit trösten, daſs dieses Stocken wenigstens davon zeugt, daſs die Löcher passend und nicht zu weit sind, und daſs die Abhülfe äusserst leicht und schnell geschehen kann. Man nimmt nämlich die Claviatur vorsichtig heraus, untersucht den Gang der stockenden Taste, und erweitert das Loch, in welchem zu starke Reibung bemerkt wird, ein wenig (aber ja nicht zu viel) und das Uebel ist gehoben.

Beim Herausnehmen der Claviatur beobachte man Folgendes: Zuerst sehe man zwischen die Saiten hindurch auf die Hämmer, ob alle gehörig in ihrer Ruhe liegen, und ob keiner höher steht als der andere, weil sonst die hervorstehenden Hämmer beim Herausziehen der Claviatur sich (beim Flügel am Stimmstocke und beim Tafel-Forte-

Piano am Resonanzboden) stofsen und abbrechen würden. Liegen die Hämmer gehörig tief, so wird bei dem Flügel teutscher Art und dem Tafel-Forte-Piano das vor der Claviatur befindliche, *eingesprengte* Brettchen in der Mitte gefafst und etwas herausgebogen, worauf es aus seinem Falz, in den es eingesprengt ist, rechts und links gehen wird. Es ist gut, beim Herausziehen des Brettchens dasselbe auf *eine* Seite, rechts oder links, zu ziehen und es somit, indem mit der einen Hand vorgehalten wird, auf der entgegengesetzten Seite vorsichtig herausgehen zu lassen, weil sonst leicht ein Fournier vom Kasten mit abgerissen werden könnte. Ist das Brett auf einer Seite heraus, so ist es dann leicht, es auch von der andern zu lösen. Bei dem Flügel englischer Art mufs überdiefs noch das über der Claviatur am Stimmstock angeschraubte Brett losgeschraubt werden, worauf man dann die Claviatur, indem man sie an den beiden Griffen rechts und links fafst, und während des Ziehens etwas niederwärts drückt, vorsichtig heraus ziehen kann. Während des Herausziehens wird sie sich sofort etwas herunter senken. Ruht die Claviatur auf Schiebeleisten oder auf einer Schieberahme, so müssen diese zuerst herausgezogen werden, ehe man an der Claviatur zieht. Man gebe aber ja sehr Acht, dafs während des Herausziehens, so wie auch nachher bei dem Wieder-Einsetzen, kein Hammer in die Höhe gehe, weil dieser sonst unvermeidlich abbrechen müfste, denn der Raum, welchen d e Hämmer passieren müssen, ist sehr enge und genau zugemessen.

Das Wieder-Einsetzen der Claviatur giebt sich aus dem Bisherigen von selbst; bei Claviaturen mit Schiebeleisten oder Schieberahmen müssen diese, wenn man die Claviatur hineingeschoben, und sie vorne ein wenig in die Höhe gehoben hat, unter derselben gleichfalls wieder eingeschoben werden, wobei man, während dem man die Leisten oder die Rahme einschiebt, etwas auf die Seitenbacken der Claviatur drücken kann, damit sich diese hinten um so leichter wieder in die Höhe hebt. Wo diese Leisten oder eine solche Rahme nicht Statt finden, hat man blos die Claviatur vorsichtig hinein zu drücken, worauf sie sich selbst wieder in die Höhe heben und auf ihren rechten Ort stellen wird. Um das eingesprengte Brett vor der Claviatur wieder hinein zu machen, setzt man es auf einer Seite in seinen Falz, und biegt es so weit zusammen, bis es dann von selbst auch auf der andern Seite in den Falz geht, und somit die Claviatur wieder schliefst. Bei dem Flügel englischer Art wird noch das weitere Brett über der Claviatur wieder eingeschraubt.

Bei der *teutschen* Mechanik sind die innern Theile der Claviatur, z. B. die Fangleiste (an der sich die Hämmer arretiren) etc. leicht abzunehmen, worauf die Tasten samt den Hämmern ohne Anstand einzeln heraus genommen werden können. Bei der *englischen* Mechanik hingegen, wo die Hämmer nicht an die Tasten angehängt, sondern mit ihren Capseln an einer besondern festen Brücke aufgeschraubt sind, hebe man, wenn eine Taste heraus genommen werden soll, den Hammer in die Höhe, lege die an der Taste befestigte Stofszunge um und suche dann mit der Taste behutsam unter der Hammerbrücke heraus zu kommen. Sonst kann aber diese auch samt den Hämmern abgeschraubt werden. Dafs man auf dieselbe Weise die Tasten wieder einsetzt und dabei nur das Federchen, das die Stofszunge vorzieht, wieder in seine Stelle einzuleiten hat, versteht sich von selbst, so wie überhaupt die nähere Ansicht das weitere Verfahren leicht an die Hand geben wird.

Die Stockung der Tasten kann auch daher kommen, dafs das Fett, welches die Tastenlöcher haben müssen um sich nicht auszunützen und um williger zu gehen, ranzig geworden ist, in welchem Falle nur die Löcher gereinigt und mit reinem Gänsefett oder Knochenmark oder gutem Oliven-Oel wieder versehen werden müssen. Die frische Einölung der Claviatur in den Tastenlöchern ist überhaupt von Zeit zu Zeit, etwa alle zwei Jahre, nothwendig.

Ferner entsteht Stockung, wenn eine Taste sich krumm gezogen hat, und an der benachbarten reibt, in welchem Falle die Taste mit einem feinen Hobel wieder abgerichtet werden mufs.

Stockung entsteht auch an den *Hämmern*. Laufen diese in Capseln von Messing, mit eingesprengten Körner, so müssen diese Oel haben, welches mit der Zeit aber ranzig wird, und dann in Verbindung mit dem Staub der sich hineinsetzt, die Tasten stocken macht. Der Hammer und die Capseln müssen also gereinigt und mit frischem Oel versehen werden. Auch hier ist nach einigen Jahren eine

Reinigung aller Hämmer und Capseln und frische Einölung derselben nothwendig.

Gehen die Hämmer in hölzernen, mit Filz ausgefütterten Capseln, welche letztere dauerhafter, fester, und daher vorzuziehen sind, so ist gleichwohl, obschon die Hammerstifte bei diesen Capseln keines Oels bedürfen, sondern *trocken* gehen sollen, eine Stockung bei den leichten Hämmern manchmal der Fall. Die Feuchtigkeit schwellt diese Capseln auf; das Loch, in welchem der Filz eingeleimt ist, wird enger, somit verliert sich die Willigkeit des Gangs, und ein *leichter* Hammer, der zumal von neuem nicht allzuwillig gegangen, stockt und bleibt in der Höhe stehen. Hier muſs durch Erweiterung des Loches im Filze geholfen werden, und man kann entweder durch Auf- und Abreiben des Hammers sie bewirken, oder auch den Stift herausnehmen und das Loch etwas ausreiben. Im äussersten Nothfalle kann man, wiewohl es eigentlich gegen die Regel ist, dem Stift ein wenig feines Oel geben, was sogleich Wirkung thun wird.

Die Tasten stocken bei der teutschen Mechanik manchmal auch deswegen, weil die Reibung des Schnabels vom Hammer an dem Haken, in welchen er sich bei seinem Zurückfall wieder einlösen soll, zu stark ist, was daher kommt, daſs entweder die Bahn, auf welcher der Schnabel hinabglitschen soll, durch die Feuchtigkeit rauh geworden, oder daſs die Feder des Hakens diesen allzustark gegen den Schnabel des Hammers andrückt. Im erstern Falle schneide man ein Bleistift breit, und reibe damit die Bahn, auf welcher der Schnabel des Hammers hinabglitscht, bis sie eisenfarb glänzend ist, und im letztern Falle biege man die Feder des Hakens um etwas zurück, daſs sie weicher drückt, und der Gang wird hergestellt seyn.

Sonst können auch Stockungen dadurch entstehen, daſs etwas zwischen die Tasten fällt, z. B. Stecknadeln, Wachstropfen u. dgl.

Da der stille Gang der Hämmer und der Mechanik eine unerläſsliche Bedingung eines guten Forte-Piano ist, so sind alle Theile der Mechanik, wodurch ein Geräusch, ein Klappern etc. entstehen könnte, mit Leder oder Tuch gefüttert. Diese Fütterung schlägt oder arbeitet sich durch den Gebrauch etwas zusammen, und dadurch verändert sich nothwendigerweise der richtige Stand einzelner Theile, z. B. bei der teutschen Mechanik der Stand der Haken, welche den Hammer in die Höhe ziehen, und bei der englischen jener der Stoſszungen, welche gleichfalls die Hebung des Hammers bewirken. Der Eingriff sowohl der Haken als der Stoſszungen wird hiedurch zu tief, die Auslösung des zu hoch getragenen Hammers ist *erzwungen*, der Haken oder die Stoſszunge werden zu sehr zurückgeschnellt, und prellen eben so zu stark wieder gegen den Hammer an. Dadurch entsteht nun ein *Klappern* der Stoſszunge und des Hakens. Alle Forte-Pianos, die zu frühe aus der Werkstätte des Instrumentenmachers kommen, und nicht dort einige Zeit gehörig durchgespielt werden, kommen in diesen Fall, womit sich noch das weitere Uebel verknüpft, daſs Ton und Spielart darunter leiden, indem bei der zu hohen Hebung der Hämmer, die bis an die Saite *gedrückt* werden, die Schwingung derselben gehemmt ist, und die Spielart durch die gezwungene Auslösung hart und unangenehm wird. Um diesem Uebel abzuhelfen, muſs den Haken und Stoſszungen wieder ihre natürliche Stellung gegeben werden. Bei der teutschen Mechanik ist zu diesem Ende an jedem gut eingerichteten Forte-Piano die Leiste, an welche die, die Hämmer hebenden Haken sich anlehnen, durch Schieber, die an verschiedenen Stellen der Leiste angebracht sind, beweglich gemacht, so daſs sie vermittelst derselben vorwärts oder zurück getrieben werden kann. Nun untersuche man zuerst, ob der Eingriff *sämtlicher* Hämmer oder nur einzelner Partien derselben, zu tief ist, was man dadurch erkennt, wenn sich diese bei langsamem Hinunterdrücken der Tasten bis *über* Eine Linie ($^1/_{10}$ Zoll) den Saiten nähern, ohne abzufallen. (Denn die Hämmer dürfen, wie oben schon gezeigt worden, nicht höher gehoben werden, ehe die Auslösung erfolgt; und steigen sie bei *langsamer*. Hebung des Hammers durch die Taste höher, so ist der Eingriff zu tief.) Hat man nun gefunden, bei welchen Partien der Hämmer ein zu tiefer Eingriff Statt findet, so nehme man die Claviatur heraus, und suche, indem man hin und wieder an der fehlerhaften Stelle Tasten abhebt, die Schieber, die durch ihre Form sich bald bemerklich machen, setze ein Stückchen Holz mit scharfen Ecken an denselben an, auf welches dann mit einem Hammer vorsichtig geschlagen wird, bis die Leiste zurück rückt, wodurch die Haken sich von den Hämmern mehr entfernen. Meistens ist $\frac{1}{4}$ Messerrücken schon genug, was sich durch nachherige Untersuchung der Hebung des Hammers, deren Mafs oben angegeben worden, zeigen wird. Ist die Leiste zu weit gerückt, und die Haken entfernen sich zu sehr von den Hämmern, so wird der Eingriff der Hämmer in die Haken zu seicht, die Auslösung der Hämmer erfolgt zu bald und zu leicht, der Hammer wird nicht genug gehoben und der Anschlag wird matt und kraftlos. Es mufs daher die Leiste wieder vorwärts gegen die Hämmer getrieben werden, zu welchem Ende an der Stelle der Schieber ein dünnes Stückchen Holz zwischen den Haken hindurch von hinten an die Leiste angesetzt und mit einem Hammer darauf geschlagen wird, bis die Leiste wieder etwas vorwärts gerückt ist. — Es ist nicht zu läugnen, dafs dieses Verfahren schon etwas mehr denn gewöhnliche mechanische Geschicklichkeit erfordert, weil dadurch leicht, wenn es an dieser mangelt, die Mechanik der Hämmer in Unordnung gerathen kann, und man thut daher wohl, hierin nichts zu unternehmen, ohne seiner Sache gewifs zu seyn, und lieber einem geschickten Stimmer oder Instrumentenmacher diese Nachhülfe, die für den Geübteren etwas Leichtes ist, zu überlassen.

Leichter ist bei der englischen Mechanik zu helfen.

Hier bedarf es blos der Wegnahme des Brettes über der Claviatur, worauf vermittelst der an dem Querholz, auf welchem die Hämmer-Capseln angeschraubt sind, befindlichen Stellschrauben der Eingriff der Stofszungen in den Hammer regulirt werden kann. Steigt der Hammer zu hoch und klappert die Stofszunge bei starkem Anschlage, so wird die Stellschraube etwas hineingeschraubt, wodurch der Eingriff seichter wird und die Auslösung früher und mit mehr Leichtigkeit erfolgt, der Hammer also auch nicht so hoch getragen wird. Schraubt man aber die Stellschraube zu weit hinein, so wird der Anschlag matt und kraftlos. Auch der englische Hammer mufs, wie oben gesagt worden, bei langsamem Hinunterdrücken der Taste bis auf etwa 1 Linie ($^1/_{10}$ Zoll) der Saite sich nähern, ehe er abfällt. Hiernach stelle man also die Stellschraube, und das Klappern wird aufhören, ohne dafs es dem Anschlage des Hammers an gehöriger Kraft gebricht. —

Wenn *Hämmer zerbrechen*, so können dieselben mit einem guten Leim wieder zusammen geleimt werden. Am besten ist es, wenn der Leim entweder mit Weingeist oder mit Essig angesetzt wird. Auch kann man etwas Hausenblasen darunter mischen. Man gebe aber wohl Acht, dafs der Hammerstiel wieder schön gerade werde, überhaupt, dafs der Hammer wieder ganz seine vorige Form bekomme, weil er sonst die Saite nicht mehr gehörig trifft. Sollte der Bruch des Hammerstiels so seyn, dafs von dem blofsen Zusammenleimen nicht genug Haltbarkeit erwartet werden könnte, so kann man nachher noch einen Umschlag von Papier oder Pergament über den Bruch leimen.

Entsteht ein *Zischen* oder *Sausen* in den Saiten, so untersuche man, wo solches Statt findet. Bei manchen Tafel-Forte-Pianos, an welchen die Füfse der Dämpfer zwischen den Bafssaiten hindurch gehen, streifen jene und verursachen ein solches Geräusch. In diesem Falle mufs dem Fufse des Dämpfers (der von Drath ist) eine solche Biegung gegeben werden, dafs auf keiner Seite mehr eine Streifung Statt findet. Bei den oben aufliegenden Dämpfungen die abgehoben werden können, kommt ein solches Streifen gewöhnlich nicht vor.

Oft kommt ein Zischen oder Sausen davon her, dafs Saiten sich hinter dem Steege berühren, oder wenn sie in Vibration gerathen, an einander anschlagen. Wenn die Saiten hinter dem Steege, wo sie gar keinen Klang noch Ton von sich geben sollen, gehörig mit einem wollenen Bande eingeflochten sind, so kann dieser Uebelstand nie entstehen. Man mufs daher untersuchen, ob hie oder da Saiten hinter dem Steege so viel Luft haben, um vibriren zu können, und da wo dieses der Fall ist, dieselben besser einflechten. Welch ein ärmlicher Nothbehelf es daher sey, wenn jetzt neuerdings englische Forte-Pianomacher, um dem trüben, heisern Ton des Discants in ihren Forte-Pianos nachzuhelfen, eine Veränderung anbringen, vermittelst welcher die Saiten hinter dem Steege von ihrer Dämpfung befreit werden, um eine Art von Nachklang dadurch hervorzubringen, läfst sich hieraus wohl schliefsen. Wie kann der Theil der Saiten hinter dem Steege, der *durchaus keiner Stimmung fähig ist*, und der in seiner Gesammtheit nur ein confuses Gewirr dumpfer, halb erstickter Töne bilden kann, den Ton der *gestimmten* Saiten verstärken! Die Saiten sollen hinter dem Steege nicht klingen, weil sie keiner harmonischen Töne fähig sind, die sich mit dem Tone des *klingen sollenden Theils* zwischen den beiden Steegen verbinden und ihn harmonischer machen könnten; und klingen — oder vielmehr — *sumsen* sie, so vermehren sie zwar das Getöse, verderben und verlöschen aber den Ton.

Wenn fremdartige Körper, z. B. der Stimmhammer etc. Stecknadeln u. dgl. auf dem Resonanzboden liegen, so verursachen sie auf dem vibrirenden Boden ein unangenehmes Geschnarr. Oft schnarrt an Tafel-Forte-Pianos auch das auf die unrechte Seite umgeschlagene Notenpult. Auch der emaillirte Namensschild des Instrumentenmachers kann schnarren, wenn er nicht fest in seiner Rahme ist; ebenso manchmal die Pedalzüge.

Wenn Dämpfer stocken, so entsteht ein unangenehmer Nachklang der einzelnen Töne, nicht nur wenn der Ton des stockenden Dämpfers, sondern auch wenn ein ihm verwandter Ton angeschlagen wird. Man untersuche die Ursache des Stockens, und die Abhülfe wird sich von selbst lehren. Manchmal weichen auch die Dämpferkeile, die zwischen die Saiten fallen müssen, auf die Seite; diese müssen dann wieder auf die Saiten gerichtet, und wenn das blofse Biegen nichts hilft, anders aufgeleimt werden.

Wenn sich einzelne Dämpfer nicht mehr heben, so kommt dies meistens davon her, dafs die Taste den Dämpfer nicht mehr recht fafst. Ist der Fufs des Dämpfers von Drath, so biege man ihn wieder über die Taste; ist er von Holz, so mufs das Futter auf der Taste, auf welchem er unten aufsteht, versetzt oder vergröfsert werden, damit eine gewisse und zuverlässige Hebung erfolgt.

Es ist Pflicht des Stimmers, bei jedesmaligem Stimmen die Hämmer, welche auf die Seite gewichen, und daher ihre Saiten nicht mehr gehörig treffen, wieder in ihre richtige Lage zu bringen. Trifft der Hammer *eine* Saite gar nicht, so ist der Ton zu schwach; trifft er sie aber nur mit seiner äussersten Ecke, so wird der Ton schneidend. Diese Abhülfe gilt jedoch nur von solchen Forte-Pianos, bei welchen die Hämmer in *gerader Linie* mit der Saite liegen; bei Tafel-Forte-Pianos hingegen mufs der Instrumentenmacher helfen, weil, wenn das Instrument eine teutsche Mechanik hat, durch das Vor- oder Rückwärtsbiegen *einzelner* Hämmer-Capseln der Eingriff und die Hebung des Hammers unregelmäfsig wird, und der Hammer der englischen Mechanik mit seiner Capsel auf dem Querholz über der Claviatur *fest* aufgeschraubt ist.

Ist aber das unrichtige Treffen nicht nur bei einzelnen Hämmern der Fall, sondern bei ganzen Partien in der Höhe oder Tiefe, oder durch die ganze Claviatur hindurch, so rührt es von einer unrichtig gewordenen Lage der Saiten oder der Claviatur her. Bei dem Flügel ziehen sich die Saiten gerne mit der Zeit links; die Abhülfe ist aber hier sehr leicht, weil man nur jeden einzelnen Hammer wieder auf die Saite richten darf. Bei dem Tafel-Forte-Piano ist dieser Umstand meistens eine Folge davon, daſs das Brett, an welchem der dem Hammeranschlag zunächst liegende schmale Steeg befindlich ist, geschwunden und schmäler geworden und dadurch die Saiten etwas mehr gegen die hintere Wand des Instruments gerückt worden sind. Hier muſs der Instrumentenmacher durch ein kleines Nachrücken der Claviatur helfen; durch Nachhülfe an einzelnen Hämmern würde sonst, wie vorhin berührt worden, das ganze Hammerwerk in Unordnung gerathen.

Der Stimmer hat auch jedesmal nachzusehen, ob die Hämmer sich alle gehörig arretiren, und da wo dies nicht der Fall ist, nachzuhelfen durch Biegung der Fänger, oder wo Fangleisten sind, durch Verdopplung der Lederfütterung. Es versteht sich jedoch, daſs die Hämmer so viele Luft haben müssen, daſs sie *ohne die mindeste Streifung* am Fänger oder der Fangleiste in die Höhe steigen können, weil sich die Taste sonst zu hart niederdrücken würde.

Wenn ein Forte Piano mit teutscher Mechanik durch unmäſsiges Schlagen miſshandelt wird, so geschieht es oft, daſs die pergamentenen Riemchen, mit denen die Haken an die Claviatur-Rahme befestigt sind, welche die Hämmer in die Höhe ziehen, entzwei brechen. In diesem Falle muſs in den abgeschlagenen Haken ein anderes Riemchen und dieses dann an die Stelle des abgerissenen wieder eingeleimt werden. Es bleibt hiezu nichts anderes übrig, als an der Stelle des Hakens ein Stückchen der auf die Riemchen genagelten Leiste, an welcher zugleich die Haken-Federchen befestigt sind, herauszusägen und solches nach geschehener Anleimung des Riemchens wieder aufzunageln oder aufzuleimen.

Auch einzelne Saiten, die entweder wegen schlechten Materials oder durch übermäſsiges Anschlagen sich zu sehr ausgedehnt haben oder sonst schlecht geworden sind, müssen von Zeit zu Zeit durch bessere ersetzt werden. Wenn man überhaupt bedenkt, daſs ausser dem Verderben, welches Rost u. dgl. anrichten, auch die besten Saiten wegen der groſsen Spannung, in der sie sich fortwährend befinden, immer einige Ausdehnung erleiden, wodurch sie dünner werden und folglich bei minderer Spannung auch an Kraft des Tones verlieren, so leuchtet es von selbst ein, daſs auch die beste Besaitung am Ende matt wird. Man kann annehmen, daſs eine Besaitung nach einem Zeitraume von zehn Jahren *ausgedient* hat, und daſs dann ein Clavierbesitzer, der gerne sein Instrument verjüngen möchte, wohl thun wird, dasselbe neu besaiten zu lassen, wenn er Gelegenheit hat, dieses Geschäft durch einen geschickten Instrumentenmacher oder durch einen der Sache ganz gewachsenen Stimmer vornehmen zu lassen. Der Erfolg wird immer ein kräftigerer und runderer Ton seyn.

Dies wären nun die gewöhnlichen Anstände, die sich bei dem Mechanismus des Forte-Pianos ergeben können. Die Abhülfe wird zuverlässig und leicht erfolgen, wenn die hier angegebenen Regeln sorgfältig beobachtet werden, und es wird dem Besitzer eines Forte-Pianos hiedurch mancher Verdruſs und manche Unlust erspart seyn.